MARIE BESNARD

L'énigme

OLGA VINCENT
et
DOMINIQUE LABARRIÈRE

MARIE BESNARD

L'énigme

ROMAN

Michel LAFON

**Cette histoire est tirée de faits réels.
Toutefois, certains personnages et situations
ont dû être modifiés pour les besoins
de la narration, et pour respecter
l'anonymat de certaines personnes.**

7-13, boulevard Paul-Émile-Victor - Île de la Jatte
92521 Neuilly-sur-Seine Cedex

1

LE POISON DU DOUTE

Il fait froid ce matin du 12 décembre 1961, à Bordeaux. Sur les marches du palais de justice et dans les cafés alentour, les journalistes sentent monter en eux la fièvre des moments forts, ceux qu'on ne vit qu'une fois dans toute une carrière et dont on peut dire, des années plus tard : « J'y étais. »

Dans le bar en face du palais, Armand Laferrière, chroniqueur judiciaire au verbe haut, à la plume acérée mais aux pronostics incertains, fait son numéro habituel. Bien qu'on soit à l'heure du café, du pain beurré et des croissants, M. Armand, comme on le surnomme dans le métier, s'éclaircit la voix et l'esprit au blanc sec. Son gros ventre bien calé contre le comptoir, le teint vermillon et l'œil narquois, il tance son monde, parle au-dessus de tous et ne tient compte que d'un seul avis, le sien. Il considère ses jeunes confrères comme des freluquets et ceux de son âge comme des ratés séniles. Deux doigts glissés dans la poche gousset de son éternel gilet vert pomme, le macfarlane rejeté sur les épaules, il porte le regard au-delà de la vitre du café, en direction du péristyle du palais où une jeune reporter de la Radio-Télévision française bat la semelle pour se réchauffer. Le micro à la main, face à la caméra, elle fait et refait des essais de voix. « En direct de la cour d'assises de Bordeaux, Simone Rabier... À vous Cognacq-Jay. » La journaliste tire à petites bouffées sur une cigarette. Elle aussi irait volontiers se mettre au chaud dans un café, mais, professionnelle jusqu'au bout des ondes, elle ne veut pas prendre le risque de rater l'instantané, le moment où les stars du drame – oui, les stars – vont entrer en scène.

De l'autre côté de la rue, M. Armand ricane.

– Regardez-moi ça ! Une gamine ! Qu'est-ce que les bonnes femmes viennent faire dans ce métier ? Et la télévision, la RTF comme ils disent. Est-ce que ça a un avenir, ça, la télévision ? Des mots à l'antenne, des paroles qui s'envolent, des sourires de shampouineuses à l'écran. Les écrits restent, eux ! La presse écrite, c'est autre chose. Leur télévision, c'est bon pour le football et les courses de vélos mais certainement pas pour l'information sérieuse. Je vous lc dis, mes amis, dans deux ans, la télévision aura vécu. Les voix et les minauderies, il faut les réserver pour nous souhaiter un excellent voyage quand nous prenons place à bord de la Caravelle d'Air France, car moi je suis venu ici en Caravelle, pas comme vous en vieille Traction ou en Dauphine, mes pauvres gars ! Mignonne comme elle est, la petite Simone, je la verrais mieux faire carrière dans les alcôves que dans les prétoires...

L'assistance rit car il est de bon ton dans le métier de s'esclaffer aux goujateries de M. Armand. Cela l'encourage. Alors il lève le menton et repart de plus belle :

– Non mais, regardez un peu ! *Ça* porte un pantalon, un blouson des surplus de l'armée US et *ça* fume dès le matin pour faire genre. Moi, je m'amuse à l'écouter, la gamine. Ah çà, pour fluctuer, elle a fluctué tout au long de l'affaire, la mignonne ! Au fil de ses chroniques, elle nous a fait passer l'accusée du rôle de victime de calomnies de clochers à celui d'empoisonneuse perverse en passant par celui de martyre condamnée d'avance par la vindicte populaire associée aux incompétences de la justice. Aujourd'hui, à ce que je vois, elle ne sait plus où elle en est !

– Parce que toi, monsieur la science infuse, tu sais où tu en es ? lance une voix narquoise au fond du café. À lire tes articles, nous voyons bien que tu n'as pas moins louvoyé que notre consœur et que la plupart d'entre nous. Je te rappelle que, à propos de Simone, tu pronostiquais aussi sa mort professionnelle dans les deux mois voilà neuf ans, lors du premier procès à Poitiers, alors qu'elle faisait ses tout premiers pas à Radio Liberté. Tu affirmais aussi que les femmes n'avaient aucune place, aucun avenir dans nos métiers, laisse-moi rigoler. Il faudrait que Ta Seigneurie condescende à réviser un tantinet ses certitudes moyenâgeuses !

– Mon cher Montret de *La Gazette des Bien-Pensants de Seine-et-Oise*, ironise M. Armand, continue de boire ton lait chaud et de soigner ton ulcère avec tes pastilles mais ne viens surtout pas me chercher des noises. Tu n'es pas de taille. Non, monsieur, je n'ai pas louvoyé, il se trouve seulement que par souci déontologique je me suis efforcé de traduire les divers courants d'opinion à mesure qu'ils apparaissaient. Et je prouve à l'instant que je n'ai jamais varié dans mon opinion sur cette affaire ! Là, tout de suite sur ce comptoir, je suis prêt à parier avec qui voudra que la Marie Besnard, ce soir, à l'issue de la dernière journée de son procès, prendra le maximum. Oui, messieurs, le maximum, la peine capitale ou, à la rigueur, la prison à vie compte tenu qu'elle est une femme et que ces messieurs de la Justice ont beaucoup pataugé dans l'affaire. Tenez, je mets douze mille francs en jeu. Mille francs pour chaque assassinat dont elle est accusée. Et je pourrais même aller jusqu'à treize mille si je voulais prendre en compte le meurtre de son premier mari, non retenu par l'accusation pour cause de prescription. J'attends, mes bons confrères ! Qui relève le défi, hein, qui ? Douze mille balles que la Besnard écope du pire ce soir ! Allons, un peu de courage, messieurs. C'est elle qui joue sa tête, pas vous ! Vous, vous ne risquez que douze billets...

– Tu devrais tenir tes fiches à jour, persifle Montret. L'accusation ne retient plus, depuis le deuxième procès devant la cour d'assises de Poitiers, que six meurtres. Sept sont passés à la trappe.

– Il n'empêche, réplique M. Armand. La Besnard a bel et bien treize cadavres à son tableau de chasse. Quatorze même si l'on compte le chien qu'elle aurait liquidé, lui aussi par le poison. Allons, au lieu d'ergoter sortez vos talbins, messeigneurs, et pariez !

La proposition ne suscite guère l'enthousiasme. Dans le café, les confrères baissent le nez. Douze mille francs ! Pourquoi pas tout le salaire du mois, pendant qu'il y est, « Armand la grande gueule » ? Il peut sans doute se le permettre, lui que son journal fait voyager en Caravelle, mais qui d'autre ? Et puis qui, en son for intérieur, se sent capable de trancher entre le vrai et le faux dans cette affaire qui remue la France entière depuis treize ans ?

M. Armand a beau se moquer de la « gamine », nombre de journalistes ne sont pas loin d'adhérer à la formule qu'elle a utilisée dans sa chronique, la veille à dix-neuf heures, sur les écrans de la RTF : « Si Marie Besnard est déclarée innocente, jamais avant cette affaire l'innocence n'aura été entachée de tant de suspicion. Si elle est reconnue coupable, jamais culpabilité n'aura laissé tant de place au doute. »

– J'attends, messieurs, s'impatiente Armand Laferrière. Douze billets sur la tête de l'empoisonneuse du siècle ! À vos bourses, mes bons camarades !

À peine a-t-il lâché le dernier mot que le café se vide en un éclair. Dehors un photographe a crié : « Ça bouge ! C'est la femme Pinson, elle arrive ! »

– On dirait une volée de moineaux, se rengorge M. Armand. Ils se précipitent sur elle comme si cette vieille teigne avait encore de l'importance. Remets-moi ça, garçon ! Et pas de faux col !

Une petite marchande de violettes entre à cet instant dans le café.

– Elle aussi, on dirait un moineau. Mais tombé du nid, grommelle M. Armand.

– Un petit bouquet pour Marie qui va être acquittée ce soir, monsieur ?

– Allons bon, « La Brinvilliers de Loudun » acquittée, à présent ! marmonne Armand, mettant la main à la poche pour payer les fleurs. J'aurai tout entendu.

Puis, comme pour lui-même :

– Après tout, pourquoi pas ? La Besnard blanchie ? Dans un monde où l'on vend de la violette en décembre, on ne peut s'étonner de rien.

Louise Pinson, petite femme raide et sans grâce,

accompagnée par son fils, gravit les marches du palais. Endimanchée et gauche, elle s'efforce de ne pas prendre la pose devant les objectifs mais on devine sa jubilation de faire la une des journaux. Un reporter lance une question. Simone Rabier tend son micro.

– Louise Pinson, vous qui êtes à l'origine de cette affaire, avez-vous une idée du verdict qui sera prononcé ce soir ?

L'interrogée fait alors la réponse qu'elle a préparée ou qui lui a été soufflée :

– J'espère qu'il sera rendu justice à tous ces morts. Dieu m'est témoin, je n'ai fait que mon devoir. Je n'ai rien d'autre à ajouter.

À la seconde même, l'essaim de journalistes se détourne d'elle. Le fourgon pénitentiaire transportant Marie Besnard, l'accusée, vient de franchir les grilles de l'enceinte du palais. La frêle silhouette sombre semble noyée au milieu des gendarmes qui l'escortent. Derrière les grilles, des badauds crient leur sympathie : « Tiens bon, Marie. On est avec toi ! Courage. Ce soir tu es libre ! »

Simone dirige son micro vers ces bruits d'ambiance qu'elle veut capter et restituer à l'antenne, comme elle l'a fait lors du premier procès quand les cris du public étaient tout autres : « À la guillotine, la Besnard ! La mort pour l'empoisonneuse ! Pas de pitié pour le démon femelle ! »

« Le Démon femelle », l'expression tant de fois

reprise, est due à la plume inspirée d'un reporter. Simone se souvient avoir eu la nausée en la découvrant pour la première fois dans les colonnes d'un hebdomadaire à sensations.

Foulard sur la tête, lunettes à fine monture, le col de son manteau noir relevé jusqu'aux oreilles, Marie Besnard est conduite à l'intérieur du palais. Lorsqu'elle est introduite dans le box des accusés, le foulard est dénoué et le manteau rejeté en arrière sur les épaules. Des menottes, qu'un agent lui ôte bientôt, entravent ses poignets. Un chapelet entoure ses mains. Affectation destinée à influencer les douze jurés populaires, ou dévotion sincère ?

Simone Rabier, qui a pris place sur le banc de presse dans la salle bondée, se le demande. Ce n'est qu'une question parmi toutes celles que se pose la journaliste au sujet de cette femme énigmatique, tour à tour effrayante et bouleversante. Qui est-elle vraiment ? Quels sont ses secrets ? A-t-elle tué de sang-froid toutes ces personnes ? Est-elle innocente ? Où puise-t-elle la force de ne pas craquer depuis treize ans qu'elle se débat dans les arènes de la justice et sous le feu des projecteurs ?

Peut-être parce que Simone est l'une des rares femmes sur le banc de presse, et surtout la seule voix journalistique à avoir eu le front, au cours d'un face-à-face cinglant, de lui cracher au visage ses doutes, ses soupçons, Marie semble lui accorder un intérêt particulier.

Quelque temps plus tôt, irritée par les airs de *Mater dolorosa* de l'accusée, au cours d'une interview Simone avait lâché :

– J'ai énormément travaillé sur votre affaire, beaucoup réfléchi, Marie. Vous avez trompé beaucoup de monde, mais pas moi. Vous m'avez manipulée avec habileté, pourtant j'ai fini par voir clair. Et je suis venue vous le dire en face.

– Ma pauvre petite, avait ricané Marie, voilà que tu te sens une vocation de sainte ! Ton succès à la radio et maintenant à la télévision te monte à la tête. Il faut à tout prix que tu te singularises. Quand tout le monde me crachait dessus, tu me défendais et maintenant que les gens me soutiennent, tu me dénigres. Je devrais te flanquer à la porte de chez moi !

– Vous pensez ce que vous voulez, Marie. Pour moi le troisième procès est joué d'avance. Une parodie de justice. L'accusation gesticulera et la défense lui mettra le nez dans ses insuffisances et ses contradictions autant qu'elle le voudra. La presse et l'opinion publique qui ne jurent plus que par vous feront le reste. Soyez rassurée, Marie Besnard, vous mourrez dans votre lit.

– Oui, dans mon lit ! Je mourrai dans mon lit et en paix avec moi-même parce que je suis innocente ! Innocente, vous m'entendez ! Maintenant, hors d'ici !

Alors Marie l'avait toisée de ce regard dur et puissant qui ne lui échappait que rarement et qui trahissait une force de caractère exceptionnelle, cette force sans laquelle – Simone le savait bien – toutes ces épreuves l'auraient réduite à rien, une épave, une ruine, un zombie oublié au fin fond d'un asile.

Ainsi, parce que des liens particuliers, tenant de la révulsion autant que de la fascination, se sont de longue date tissés entre les deux femmes, leurs regards se croisent, notamment à chaque début d'audience. On dirait que l'accusée cherche à savoir si les ondes médiatiques du jour lui sont favorables ou hostiles. Mais dorénavant Simone appréhende cet instant de feinte connivence. C'est qu'au fil des mois sa conviction d'une Marie innocente s'est émoussée, sans qu'émerge pour autant l'absolue certitude de sa culpabilité.

– La cour ! annonce solennellement l'huissier.

L'assistance se lève. Marie Besnard aussi, mais avec un léger temps de retard. Le cérémonial ne l'impressionne plus guère. Son regard se porte alors sur le président Nussy-Saint-Saens. Aucune lueur de révolte dans ses grands yeux noirs, aucune ombre de crainte non plus. Sérénité, cynisme, indifférence ? Simone s'interroge une fois encore, une fois de plus. Qui est vraiment Marie Besnard ? Monstre ou victime ? Elle a tellement ressassé les épisodes de la vie de cette femme qu'il lui semble les avoir vécus dans son ombre, et pourtant, chaque fois qu'elle croit en deviner enfin les secrets, les failles et les blessures, la vérité se dérobe.

En treize ans d'instruction dont presque cinq passés en prison, la Bonne Dame de Loudun au regard obscur et au sourire ambigu n'a jamais lâché prise et, alors que s'ouvre l'ultime journée de son troisième et dernier procès devant une cour d'assises, pour beaucoup son énigme reste entière.

2

VIEUX CHEVAL, VIEUX COUPLE

14 octobre 1947 – Ferme des Libouréaux, Angles-sur-l'Anglin, Vienne.

À cinquante-trois ans, Léon Besnard continue de porter beau. De temps en temps, il cesse d'étriller la robe baie de sa jument pour souffler et examiner les bâtiments de la modeste ferme inhabitée. Ce n'est pas un bien qui lui vient de ses parents, mais de sa femme, Marie, née Davaillaud. Elle a passé sous ce toit et sur ces quelques hectares de terre la plus grande partie de son enfance et de son adolescence. Puis le regard de Léon vient aussi se poser sur la fierté du couple, la Fiat 8 CV. Un modèle dépassé, certes, mais en 1947 qui, à Loudun, chef-lieu de canton de la Vienne, possède une auto ? Qui, dans le faubourg de Mirebeau où vit aujourd'hui le ménage Besnard, dans les murs de la somnolente « corderie Besnard » – legs des parents de Léon cette fois-ci –

peut s'offrir le luxe de partir le dimanche en auto pique-niquer sur les bords de la Loire ou de la Vienne ? Léon bombe le torse quand il voit sa voiture. Mais il hoche la tête lorsque ses yeux se tournent vers la bâtisse des Liboureaux. D'année en année la toiture s'affaisse, la lèpre du temps ronge les murs.

– Fais-lui bien briller le poil et tâche d'en tirer un bon prix ! lance Marie depuis le pas de la porte.

Le ton se veut enjoué mais Léon connaît assez sa femme et son amour des « sous » pour ne pas prendre l'avertissement à la légère. Il se remet à brosser la bête, puisqu'il faut en obtenir un bon prix. Marie s'approche. Elle jauge l'animal en paysanne.

– C'est tout de même bien une carne. Fais de ton mieux. Elle creuse des reins et elle ne poulinera plus, à présent.

– J'en sais d'autres qui ne poulineront plus, persifle Léon, tout heureux de son petit effet.

Les yeux noirs de Marie se plantent dans les siens. Léon n'ignore pas qu'il ne tient jamais longtemps lorsqu'elle le regarde comme ça, du haut de son mètre cinquante-six. Il a beau la dominer de la tête et des épaules, lors de ces affrontements il se sent petit. Alors le plus souvent il s'en sort par la colère, les hauts cris. Quelques gestes peut-être...

De sa voix faussement amène, l'épouse lâche :

– Tu penses à « ta » Pinson, je suppose. C'est heureux qu'elle ne puisse pas pouliner, comme tu dis, elle non plus ! Vous nous en feriez, un joli petit monstre, elle et toi. Allez, frotte de bon cœur, mon Léon !

– Les bâtiments, tu les as regardés ? élude Besnard. Y en a pour des mille et des cents à les remettre en état. On ferait mieux de vendre tant que ça tient encore debout. Si ton Fritz n'avait pas deux mains gauches et s'il pensait un peu plus au labeur, on pourrait le mettre ici à rafistoler ce qui peut l'être. Mais de tels travaux seraient indignes de monsieur le joli Boche de madame, sans doute !

L'allusion au prisonnier de guerre qui est devenu le protégé de Marie ne la fait pas ciller.

– Tire-moi un bon prix de cette jument, rétorque-t-elle froidement, c'est tout ce que je te demande. Ici, Léon, je suis chez moi. Et moi vivante, jamais je ne vendrai les Liboureaux. Mets-toi bien ça dans la tête. J'y ai trimé dur, plus dur que tu n'as jamais travaillé de toute ta vie, toi, mon pauvre Léon. Allez, emmène cette bête, et pour le reste laisse-moi faire à ma guise. Tu n'as jamais eu à t'en plaindre, non ? Il ferait beau voir que tu me reproches quoi que ce soit !

Soudain Léon s'empourpre. Il claque sèchement l'encolure de la jument qui, l'œil fou, fait un écart et botte dans le vide.

– Tu mériterais que je te caresse les côtes une

bonne fois ! Ici tu n'as pas ton Boche pour te protéger...

Marie baisse enfin les yeux, rentre la tête dans les épaules. Léon, il ne faut pas le pousser à bout. Elle le sait mieux que personne. Il est encore costaud, son homme, et pendant longtemps cela lui a beaucoup plu, à Marie, même si parfois, surtout depuis quelques mois, il lui fait un peu peur.

Le mari abandonne l'étrille, dénoue la longe qui retient le cheval à l'anneau de la porte de l'écurie, enfile son paletot, prend la jument par la bride et, tournant ostensiblement le dos à sa femme, se met en marche pour Tournon-Saint-Martin où il doit vendre la bête.

– Huit kilomètres à pied pour l'aller et autant pour le retour, marmonne Marie, voilà qui calmera tes ardeurs, mon tout beau !

L'époux parti, elle examine à son tour la petite ferme, ses modestes dépendances. Certes, tout cela n'est guère en bon état. Mais de là à vendre, à brader, non, jamais !

3

LA MARIE DES CHAMPS

Ici, dans ces murs, sur le seuil usé où le timide soleil d'octobre s'attarde, elle retrouve l'atmosphère, les odeurs et les gestes de sa jeunesse. Elle pourrait tout faire les yeux fermés. Tout ! Tailler la vigne à piquette le long du chemin creux, mettre à saler un demi-cochon dans l'appentis, là, au nord, au frais, et même labourer la terre du haut. Lui, Léon, il ne saurait pas mener un cheval aussi bien qu'elle, tirer des sillons rectilignes, creusés à la bonne profondeur, et manœuvrer à « tout bout de champ » en donnant de la voix pour remettre le percheron dans la droite ligne. Ces choses-là n'ont pas de secrets pour Marie. Pendant la Grande Guerre et les années d'absence du père retenu au front, en Champagne, il a bien fallu qu'elle s'y mette. Labourer, semer, moissonner, rentrer les foins, couper le bois : du labeur sans doute, mais que de bons souvenirs, finalement ! Car durant ces quatre années de guerre, qui a pris en main la conduite de la ferme, qui a été le maître ici, sinon, elle, la jeune Marie Davaillaud, la fille unique tout juste âgée de dix-huit ans en août 1914, lorsque le conflit éclate ? La mère, trop longtemps effacée derrière l'homme comme tant de femmes de sa génération, jamais remise d'avoir perdu deux enfants mâles en bas âge, ne pouvait tenir les rênes. Alors Marie s'est mise à exercer son autorité. Et elle a aimé cela. Aussi, vendre ce toit sous lequel elle s'est découvert un indéniable ascendant sur les êtres et les choses en même temps qu'une réelle capacité à gérer le patrimoine dans le sens de ses intérêts, elle ne peut l'accepter.

Et bonne chrétienne avec cela ! Le curé ne la complimentait-il pas chaque semaine en confesse pour son ardeur au travail, sa serviabilité sans faille auprès de sa mère et son assiduité aux offices, aux processions ? Humblement, elle opposait qu'en toutes choses elle ne faisait que son devoir.

– Vous êtes née le 15 août, le jour où la Vierge est montée au Ciel, et vous vous prénommez Marie. Elle vous protège et vous montre la voie, dut-on lui dire à l'école des sœurs d'Angles-sur-l'Anglin où elle reçut, enfant, une instruction sommaire, bonne pour les filles de la campagne destinées au cul des vaches et au bon vouloir du mari.

Néanmoins, dès l'adolescence, Marie ne craint

pas d'afficher un tempérament bien trempé ainsi qu'une certaine disposition à la provocation. Les médisances de clocher ne semblent pas l'embarrasser le moins du monde et, déjà, elle n'y oppose qu'un haussement d'épaules.

Fort régulièrement, chaque semaine, elle va à confesse pour pouvoir communier à l'office dominical. Un jour, le curé, dans la pénombre du confessionnal, tarde à lui donner l'absolution. Il toussote, se racle la gorge, cherche ses mots. Enfin il se lance.

– Un bruit assez fâcheux te concernant, Marie, m'est arrivé aux oreilles... Hum, hum... Tu n'ignores pas, mon enfant, que l'Église voit d'un mauvais œil les actes... hum, disons les actes de cruauté à l'encontre des plus faibles. Tu n'ignores pas non plus que saint François d'Assise considérait les animaux, même les plus éloignés de nous, comme ses frères et sœurs. Or, il se raconte que... Je dis bien « il se raconte » que, voilà environ un mois, tu aurais tué une brebis du troupeau qui t'était confié...

L'ecclésiastique ne peut voir à travers le treillage le haussement d'épaules et le regard exaspéré que la jeune fille lève au ciel.

– Est-ce exact, Marie ?

– C'était une bête malade, monsieur le curé. J'ai écouté la voix de ma conscience. J'ai pris sur moi pour abréger ses souffrances.

– Sans doute, sans doute. Mais on prétend que

tu l'aurais tuée en la pendant à une branche d'arbre.

L'intonation de Marie se fait implorante, larmoyante, humble, pleine de repentance.

– J'ai procédé avec ce que j'avais sous la main, soupire-t-elle. La corde pour attacher le bouc à l'écart des brebis. Est-ce que je devais la laisser souffrir, cette bête ? L'abandonner au pré à la nuit tombante pour que le renard ou des chiens errants la dévorent alors qu'elle vivrait encore ? Si j'ai péché, monsieur le curé, dites-le-moi que je fasse pénitence autant qu'il le faudra. Mais mon cœur est pur. J'ai agi par devoir, je vous en fais le serment.

– Soit, soit, se rend le confesseur. *Te absolvo*, Marie. Va en paix, mon enfant.

Passant de la fraîche obscurité du confessionnal à la pleine clarté du jour, Marie peut se dire que les choses sont fort simples en ce bas monde : tuer une brebis décrétée malade comme obtenir l'absolution.

4

UNE SAINTE ÉPOUSE

Un beau jour, quelque temps après la guerre, la jeune fille rencontre son cousin, Auguste Antigny, au cours d'un repas de fête familiale. C'est un brave garçon doux comme un agneau avec, dans le regard, l'indolence morne d'une brebis mal en point. Sa santé laisse à désirer. Gazé dans les combats de Champagne, il a les bronches mitées et le souffle court. Bref, ses malheurs des tranchées le rendent impropre au labeur du sillon. Mais Marie s'apitoie. Elle se prend d'affection, et peut-être d'amour, pour ce héros sans gloire particulière. Les jeunes gens se revoient donc régulièrement.

Un jour de soleil intermittent, elle emmène Auguste faire une balade sur les bords de l'Anglin, en un endroit dénommé « La pierre qui tourne ».

– Sais-tu ce qu'on raconte à propos de cette pierre ? demande Marie.

– Ma foi non.

– Eh bien que si elle tourne sur elle-même lorsque deux amoureux passent à sa hauteur, leur union sera heureuse.

– Tu y crois, toi ?

– Les gens d'ici y croient bien, eux. Certains disent que c'est une impression causée par le soleil lorsqu'il donne dans une direction précise. Viens, continuons de marcher vers La pierre, nous verrons ce qu'il en est.

Bras dessous, bras dessus, feignant d'ignorer le mégalithe, ils s'en approchent, ralentissent le pas en le dépassant comme pour donner toutes ses chances au miracle. Hélas, rien ne se produit : le rocher reste de marbre.

– Pas bon signe, marmonne Auguste.

– Ce n'est pas un méchant caillou qui peut m'arrêter sur mon chemin, balaie l'obstinée. Tu me maries comme c'est convenu, il n'y a pas à revenir là-dessus.

Les épousailles ont lieu en 1920 et le couple trouve à se placer dans un domaine des environs, elle comme domestique, lui comme gardien et vaguement jardinier, puisque son état de santé lui interdit les travaux des champs les plus rudes.

Le curé et les bonnes âmes du cru ne tarissent pas d'éloges quand ils évoquent la jeune femme. N'est-elle pas la charité incarnée pour avoir accepté d'épouser un gazé, un « mutilé de guerre », sacrifiant ainsi ses plus belles années ? Et puis, flanquée de cet époux défaillant, ne montre-t-elle pas une efficacité et un sens des responsabilités remarquables ? Car, bien sûr, c'est elle qui dirige la maison et décide de la moindre chose. Comme pendant la guerre, quand le père était absent.

Aucun enfant ne naît de cette union, ce qui n'étonne guère : le pauvre mari est de constitution si faible ! Et lorsque, le temps passant, quelques méchantes langues colportent qu'on aurait surpris Marie en fâcheuse posture avec un homme marié, on ne s'émeut pas davantage. La vertu ne suscite-t-elle pas toujours l'envie et le dénigrement ?

Contrairement à la pierre magique des bords de l'Anglin, la vie continue de tourner et, après sept ans de ce mariage en forme de sacerdoce, en 1927 Dieu rappelle à lui le gazé de 1914. La tuberculose le ronge depuis des mois lorsque survient une soudaine aggravation, et c'est bientôt le dernier soupir. Quoi de surprenant à cela ? Ils sont si nombreux, les rescapés des tranchées, à partir chaque année, victimes à retardement de l'hécatombe du siècle...

Le petit mari laisse un modeste pécule d'environ 15 000 francs ainsi que la maisonnette où vit le couple. La veuve éplorée force une fois encore l'admiration du curé et des saintes âmes.

Cependant, une cuisante déconvenue vient alourdir l'épreuve du veuvage. À peine Auguste est-il en terre que Marie se voit contrainte de remettre la moitié de son maigre héritage à ses beaux-parents en leur qualité d'héritiers réservataires.

– J'ai donné mes plus belles années à leur fils malade dont ils ne se sont jamais occupés, et voilà qu'ils me saignent à blanc, se plaint-elle devant le notaire de ses parents, un homme de confiance à qui succédera son fils, maître Demeule.

– Je vous comprends, ma pauvre, compatit le tabellion, mais la loi est la loi et vous ne pouvez rien contre cela.

Quittant l'étude notariale, Marie rabat son crêpe de deuil sur ses yeux secs. À cet instant, elle ne songe plus à pleurer. Sans doute se dit-elle qu'elle vient de recevoir une leçon de cupidité qu'elle n'est pas près d'oublier.

Parallèlement elle découvre le deuil, c'est-à-dire les vêtements noirs, les voiles sombres, la mantille plus légère, et elle se compose les mines qui vont avec. Cela lui sied, et c'est tant mieux car on ne la verra guère parée autrement les vingt ou trente années à venir, les décès se succédant autour d'elle à une cadence qu'on peut qualifier d'infernale.

Le brave soldat Auguste a eu le bon goût de partir au début de l'été, le 1er juillet 1927. Et l'été, comme dit la chanson qu'on entend alors à la TSF, « c'est-y pas la saison d'aimer ? ». Le chagrin de Marie bientôt dissipé comme un mauvais orage de canicule, le goût de vivre lui revient au cœur et au corps. Toutefois, elle arbore toujours, vers la mi-août, pour son anniversaire, un air affligé qui émeut l'entourage.

– Tu devrais te changer les idées, te divertir un peu, lui conseille-t-on. Pourquoi n'irais-tu pas passer quelques jours chez la cousine Vérité, à Loudun ? Il n'est pas souhaitable qu'une femme de ton âge se morfonde trop longtemps...

En fille docile, Marie s'applique à suivre ce conseil de simple bon sens, d'autant que la cousine Vérité a la réputation de savoir y faire pour marier les uns et les autres. Or, dans ces chaudes nuits d'août, le corps de Marie vibre d'attentes lancinantes, car ces derniers temps son gazé d'époux n'était plus « en ardeur », comme on dit dans le Poitou pour les étalons et les baudets.

Le regard sombre de la jeune paysanne sait se faire de velours. Est-ce pour cela que des rumeurs villageoises lui prêtent, depuis l'adolescence, des appétits solides et une sensualité certes dissimulée mais impérieuse ?

Chez la cousine Vérité, Marie rencontre un homme. Léon Besnard.

D'emblée elle peut se convaincre que ce Léon

vaut mieux que le pauvre Auguste, cela sur de nombreux plans. D'abord il paraît robuste et il l'est. Son œil frise une gourmandise qui ne peut laisser insensible l'ardente veuve. De plus l'homme, célibataire, a la réputation de multiplier les bonnes fortunes. Dans la basse-cour loudunaise, il fait figure de coq. Et d'excellent parti car, sans appartenir à la bourgeoisie locale, les Besnard ont du bien. Même si la corderie paternelle semble sommeiller depuis quelque temps, elle a connu des heures de pleine activité et de prospérité. Le père de Léon s'est constitué un joli bas de laine ainsi qu'un honnête patrimoine foncier, composé de deux ou trois maisons du faubourg de Mirebeau, à Loudun même, et de terres agricoles acquises dans les environs.

Dans la petite salle à manger au buffet Henri II où la cousine Vérité présente Léon à Marie à l'heure du vin doux et de la brioche, la retenue pourtant de mise lors des premières rencontres cède rapidement la place à des regards furtifs, des rires étouffés. La cousine, dont on dit qu'elle est la maîtresse de Léon ne peut que constater qu'elle est en train de se le faire ravir. Et ce par une parente, une veuve d'à peine soixante jours qui, sans vergogne, s'apprête à jeter ses voiles de deuil par-dessus les moulins ! Quelle honte !

Les usages en vigueur ne prévoient pas non plus qu'une veuve si récente aille au cirque. Marie se permet pourtant cette audace. Léon l'y invitant, elle se rend avec lui sous le chapiteau, aux meilleures places, où ses vêtements sombres d'un deuil à peine allégé font sensation.

– Je me moque de ce que pensent les gens, confie-t-elle à son chevalier servant. Moi seule connais mon cœur. Il est pur et ceux-là ne savent pas ce que j'ai enduré ces dernières années.

Léon, lui, semble tout disposé à compatir, mais le nuage de mélancolie s'estompe dès que les lumières de la piste s'allument et que retentissent les tagada-tsoin-tsoin de musiciens vêtus comme des généraux mexicains. Marie ouvre de grands yeux. C'est la première fois qu'elle vient au cirque et elle se dit que la vie avec un gaillard comme le fils Besnard doit être autre chose que ce qu'elle a connu jusqu'alors. Elle rit, la veuve, car sur la piste l'Auguste qui reçoit des claques du clown blanc lui semble infiniment plus drôle que l'Auguste de sa triste vie conjugale. C'est indécent, la jeune femme ne l'ignore pas, mais n'est-il pas grand temps qu'elle pense à elle et qu'elle se mette à vivre pour de bon ?

Après avoir ri, elle frémit quand, dans un roulement de tambour et un ample trémolo des cuivres, les grands fauves déboulent, gueule béante, là, derrière la grille, sur la sciure éclaboussée de lumière. Ils sont beaux, puissants, dangereux. Mâles en un mot. Pour un peu, elle se blottirait contre son voisin tant elle s'exalte, Marie !

Puis les lumières du cirque s'éteignent. Peut-on retourner si vite à la solitude d'un petit lit après avoir tant ri, tant frissonné ? Septembre est doux. La campagne proche offre l'herbe encore tendre et des senteurs si suaves après le remugle des lions...

5

UN SI BEAU PARTI

Le 12 août 1928, Marie Davaillaud, veuve Antigny, devient devant le maire et le curé Mme Marie Besnard. La pauvre chenille se voit métamorphosée en papillon, la modeste paysanne accède à la vie citadine et au rang de petite bourgeoise.

Dès le lendemain des noces, Marie, avec cet instinct d'enfant de la campagne qui sait jauger d'un regard le cheval botteur et la vache vicelarde, comprend qu'elle n'est pas la bienvenue. La Marie-Louise Besnard, la mère de Léon, aurait préféré un autre parti pour son unique garçon, une jeune fille, une vraie, pas une épouse de seconde main. Quant à Marcellin – le père –, le soir, baissant l'abat-jour, il fait le décompte rapide de ce qu'apporte la bru : rien ou si peu.

– Ce pauvre Léon a toujours été un propre à rien, tempête-t-il en lapant la soupe fade de sa femme qui opine, acquise d'avance à tout ce qui peut nourrir son ressentiment. Il se laisse vivre et si je ne lui tenais pas les cordons de la bourse bien serrés, voilà belle lurette qu'il nous aurait mis sur la paille. Même pour fourrer une femme dans son lit, il fait tout de travers. Il pouvait marier la fille Michaux, avec ses champs et ses bois près des nôtres, ou bien la fille Bougron et ses soixante-dix moutons, mais non, le v'là qui s'accroche à une sans le sou ! Et qui a déjà appartenu à un autre homme, pour tout dire ! Ah, le nigaud ! Et elle a les gens avec elle, à ce qu'il semble : tout le monde, à commencer par les curés d'ici et de son clocher, disent qu'elle est serviable et tout ça !

La Marie-Louise pince les lèvres et, en peu de mots, livre le fond de sa pensée :

– Serviable, et comment ? Il ne manquerait plus que les pauvres ne le soient pas !

Lucie, veuve Gouin, la sœur cadette de Léon, ne dit rien, comme à son habitude, mais elle non plus ne voit pas d'un œil favorable cette union qui n'apporte rien, sinon une bouche de plus à nourrir et de la dépense inconsidérée en habits, elle qui porte les mêmes hiver comme été depuis des lustres. Quant à l'aïeule de la maisonnée, la mère de la Marie-Louise, qui s'attarde sur cette terre avec une inconvenante persévérance, blottie dans un antique fauteuil creusé sous sa carcasse osseuse, elle se contente de rester muette et tremblotante comme elle l'est depuis des années.

À cet instant, on frappe deux petits coups discrets à la porte. Marcellin et Marie-Louise échangent un regard glacial. Ils savent qui vient. C'est « l'autre », « la femme à ce crétin de Léon ». Elle a beau habiter l'autre partie du bâtiment, à la porte d'à côté, ce n'est pas une raison pour venir là quand ça lui chante.

– Oui, eh ben entrez, lâche Marie-Louise, aigre.

– Moi je m'en retourne chez moi, se débine Lucie comme si la peste venait d'investir le lieu.

Marie se fait humble et timidement souriante pour proposer le contenu de la soupière qu'elle tient entre ses mains.

– J'ai fait de la soupe pour Léon et j'ai pensé que...

– Je ne vous ai pas attendue pour donner le potage à mon homme. Mais vous tombez bien, avec Marcellin on était justement en train de dire que désormais ce serait chacun chez soi, même s'il n'y a que le mur qui nous sépare. Je parie que vous avez mis du beurre dans votre soupe ?

– Ben oui, un peu. J'en avais de reste, qui serait rance demain, alors...

– Rance ou pas, le beurre c'est du beurre. Et ça coûte ! Vous allez nous le ruiner, notre Léon, mais on ne vous laissera pas faire. Allez, rentrez chez vous. On vous a à l'œil, vous savez !

– À l'œil ? Mais pourquoi... ?

– Quand on en est déjà à deux hommes alors qu'on n'a guère plus de trente ans et qu'on gaspille le beurre, Dieu sait de quoi on est capable ! Et quand je dis deux hommes, je suis loin du compte sans doute. Allons, je me comprends.

Abasourdie, Marie s'apprête à battre en retraite. Sa belle-mère la retient :

– Pas comme ça, ma fille, laissez la soupière ! Elle m'appartient. Vous n'allez pas nous dépouiller aussi facilement.

Ainsi s'écoule la vie sous le toit des Besnard.

Quelquefois, entre le père et le fils, le ton monte et l'on raconte dans le faubourg que, à plusieurs reprises, si Marie ne s'était pas interposée, les deux hommes en seraient venus aux mains. D'aucuns prétendent avoir vu Marcellin porter un mouchoir noué autour du cou en plein été pour dissimuler les traces d'un début de strangulation.

Marie va à l'église et ne manque jamais de se confesser. Qu'avoue-t-elle ? Quelques vétilles, des péchés de gourmandise, peut-être un soupçon d'exaspération devant la ladrerie et le mépris de ses beaux-parents ? Toujours est-il qu'on la plaint beaucoup et que, tout comme lorsqu'elle était adolescente et chef de famille pendant la guerre, ou encore l'épouse-mère du pauvre Auguste, elle s'applique à ne jamais regimber.

– Je ne fais que mon devoir, oppose-t-elle aux paroles de sollicitude. Et puis je suis si heureuse, avec mon Léon !

Ainsi, elle trottine dans les rues de Loudun, de la demeure familiale à l'église et de l'église au faubourg de Mirebeau, sans omettre de saluer les uns et les autres ni de prendre des nouvelles des voisins. Quand elle apprend qu'untel ou unetelle a attrapé froid, elle ne manque pas de venir proposer un bouillon ou de faire les courses. Lorsqu'elle quitte le chevet de ces souffreteux, derrière elle les commentaires vont bon train.

– C'est vrai que pour une veuve sans le sou, elle a fait un beau mariage, la fille Davaillaud. Mais on peut dire qu'elle en paie le prix fort chaque jour qui passe, avec ces vieux grippe-sous de beaux-parents sur le dos. Ah, pour sûr, elle n'est pas à la noce, la pauvre. Et pourtant, on lui voit toujours le sourire aux lèvres.

Ce jour-là, le 15 août 1938, le sourire de Marie s'adresse à une grand-tante de Léon, la veuve Lecomte, née Labrèche. Elle se prénomme Marie, elle aussi, alors la pieuse épouse du petit-neveu ne peut laisser passer le jour sacré de leur fête commune sans une attention. Elle apporte une friandise et du bouillon de poule dans un grand bol. La vieille femme aime bien cela. À quatre-vingt-six ans, les plaisirs de la vie sont modestes. Et puis elle n'est pas au mieux, la grand-tante. Le Dr Soullard n'a pas caché à Marie, cinq jours plus tôt, la rencontrant alors qu'il sortait du domicile de sa patiente, que les ans avaient fait leur œuvre et que la malheureuse s'éteignait doucement comme une chandelle usée. Depuis, la petite-nièce ne fait que redoubler d'attentions. Elle se rend chaque jour au chevet de sa parente par alliance.

– Tu n'es pas aussi mauvaise que je l'ai cru longtemps, confesse alors la vieille. Tu vaux mieux que ton Léon. Je l'ai toujours tenu pour un propre à rien. J'ai eu la sottise de mettre une partie de ma cave à la disposition de son père du temps où la corderie fonctionnait à plein. Est-ce que je sais ce qu'ils y entassent, moi, dans cette cave ? Toujours est-il que lorsque Léon vient y fourgonner, j'ai à peine droit à un bonjour et à un bonsoir !

– Il est comme ça, mon Léon, vous ne devez pas vous formaliser, plaide Marie. Bourru au-dehors mais tendre au-dedans, allez, comme bien des hommes...

L'ancêtre ricane.

– Ah, parce que tu t'y connais tant que ça, toi, en bonshommes ?

– Dans leur partie de cave, mon beau-père range des vieilleries, élude Marie, et Léon y garde depuis quelque temps des bouteilles de chinon et de bourgueil. Nous en avons acheté un lot dans une vente publique à la Toussaint.

– Acheter ? Acheter du vin ? Tout un lot ? s'ébahit la vieille. Faut-y que vous en ayez, des sous ! Faut-y que vous aimiez les jeter par la fenêtre ! Ça ne m'étonne guère de Léon, de pareilles folies. Un propre à rien, je te dis. Remarque, le Marcellin, son père, ne vaut pas beaucoup mieux. Ah, je vois que tu m'amènes du bouillon de poule. Brave fille, va !

– Je vais vous le faire chauffer et vous le servir. Vous n'aurez pas à bouger. Pendant que vous le prendrez, j'irai à la cave. Je dois ramener du chinon pour dimanche midi. Nous allons déjeuner sur l'herbe avec nos amis Rivet.

– Du vin bouché tous les dimanches, et allez donc ! maugrée la vieille tante. Vous finirez sur la paille, c'est moi qui vous le dis ! Grâce au Ciel, je ne serai plus là pour voir ça !

Une semaine plus tard jour pour jour, en août 1938, la grand-tante Lecomte expire. À quatre-vingt-six ans, quoi de plus naturel ? C'est triste sans doute, mais ainsi va la vie...

Les obsèques sont à l'image de la longue existence de la disparue, modestes et ternes. Peu de larmes sont versées, et, une fois encore, c'est à la pièce rapportée, Marie, que revient la palme de la bienséance et de l'affliction. Sur les bancs de l'église, Léon, lui, ronge son frein. Et lorsqu'au cimetière, l'ultime bénédiction accomplie, le cercueil est enfoui sous les premières pelletées de terre, il n'a qu'une hâte, filer chez le notaire pour entendre les bonnes nouvelles, car il ne doute pas que la vieille a pensé à lui au moment de partir.

Ces derniers temps, n'a-t-il pas suivi les sages conseils de sa femme, s'imposant d'aller saluer la grand-tante chaque fois qu'il avait à faire dans la cave ? Un voisin, M. Rat, l'a même vu – ô surprise ! – papoter avec elle et, en la quittant, déposer un baiser sur son front ridé. Tant d'efforts ne sauraient être vains, le fils Besnard en est convaincu.

– Léon, calme-toi, implore Marie. Je ne t'ai jamais vu dans un tel état. Tu me ferais peur, sais-tu ? Non, arrête de boire, s'il te plaît !

– J'arrêterai si ça me chante ! Rien, pas la moindre petite cuillère... T'as entendu comme moi le notaire, tout à l'heure ? Rien. À Léon Besnard, rien ! Et moi qui me disais : on a un pied dans la cave et la vieille en a un dans la tombe. Si on sait s'y prendre, la cave entière et la maison seront à nous ! Ah, je devrais te flanquer la raclée pour m'avoir berné avec tes sermons de grenouille de bénitier : « Sois bien gentil avec la vieille ! Passe lui dire bonjour, montre-toi bon garçon. » Et moi je me disais Marie a raison, on n'attrape pas les mouches avec du vinaigre. Et ce sont ces fumiers qui ramassent le magot ! Ma mère, et donc mon père par le fait même, et surtout Lucie. Lucie, ma garce de sœur !

– On ne parle pas comme ça de sa sœur. C'est

une brave fille, et tellement dévote ! Reprends tes esprits, mon Léon. Et cesse de boire !

– Si je veux traiter ma sœur de peste, je le ferai et tu n'as rien à redire. Tu l'as vue ? Elle est sale comme un peigne... Elle vit là, à vingt pas d'ici, dans une porcherie et ne pense qu'à une chose, amasser des sous, encore et toujours !

– Comment peux-tu dire que c'est si sale chez elle, tu n'y as pas mis les pieds depuis des années ?

– Je sais qu'elle vit dans la crasse, et sous cette crasse, que cache-t-elle ? Des louis d'or. Oui, elle est riche à en crever ! Tu m'entends bien, « à en crever » ! C'est tout ce que ce que j'ai à en dire. Et ne me tiens pas tête, Marie ! Sous tes petits airs de cul béni tu veux mener ton monde là où tu souhaites, mais avec moi, ça ne marche pas. Depuis toujours, je suis le dindon de la farce. Oui, je vais boire à me soûler, ce soir, Marie, et après je sortirai dans la cour, sous leurs fenêtres, et je pisserai en souhaitant qu'ils aillent au diable. Oui, qu'ils aillent en enfer tous autant qu'ils sont, voilà ce qu'ils méritent !

Marie ne se départ pas de son affable sourire et sert un autre verre de vin. Au fond, elle partage l'avis de son homme. Tout cela est trop injuste. Bien des fois, poussant la porte de l'octogénaire pour lui apporter une douceur, elle n'a pu s'empêcher de penser : « Ce qu'on serait bien, Léon et moi, dans une maison à nous, sans avoir à supporter la promiscuité de ses maudits parents...

Une demeure où l'on pourrait vivre notre vie, comme nos amis Rivet. Eux au moins ont un "chez eux" ! »

Léon vide le verre, brandit le poing fermé en direction du mur de séparation avec le logement de ses parents.

– La vieille m'a déshérité à leur profit. Ils ont tout manigancé, eux et ma garce de sœur ! Mais ça ne leur portera pas chance, tu verras...

Marie se tient coite sur sa chaise. Dans ses grosses colères, Léon l'effraie, alors elle se fait petite souris et se garde bien d'attiser la tempête. Légèrement voûtée, le regard baissé, dans cette attitude qu'on lui voit aux offices, elle songe que, en matière d'héritages, elle n'est pas née sous la bonne étoile. Il ne lui est quasiment rien resté de celui d'Auguste, et voilà que celui de la grand-tante lui file sous le nez.

6

LE NOIR LUI VA SI BIEN

Marie passe l'automne et l'hiver 1938 vêtue de deuil. Elle fait dire des messes pour l'ingrate parente, se rend régulièrement sur sa tombe qu'elle fleurit à la Toussaint et même quand ce n'est pas la Toussaint, gagnant ainsi en odeur de sainteté dans l'opinion loudunaise. N'est-elle pas admirable de se montrer si peu rancunière envers la disparue, et ne mérite-t-elle pas les louanges de tous pour rester attentionnée, patiente et souriante au milieu des tensions de la famille Besnard ?

Jamais pourtant le climat n'a été aussi mauvais. Marcellin et son fils ne s'adressent plus guère la parole que pour s'invectiver ; Léon et Lucie s'ignorent ou se fusillent du regard quand, logeant si près l'un de l'autre, ils se croisent. Ostensiblement, Léon crache par terre lorsqu'il aperçoit sa sœur. Quant aux relations entre Marie et sa belle-mère, elles sont de la même eau fétide. La Marie-

Louise guette sa bru sur le pas de la porte lorsqu'elle rentre du marché ou de l'église.

– Dimanche midi, vous avez encore eu les Rivet à manger. Et maintenant, c'est midi et soir ! Vous dilapidez, ma fille. Eux c'étaient des commerçants, des pâtissiers, ils ont amassé des sous encore et encore dans leur commerce, mais vous ? Hein vous, ma fille, avec quoi vous allez continuer à payer les violons du bal ? On vous voit toujours fourrés ensemble. Il ne vous reste plus qu'à coucher tous les quatre dans le même lit ! Peut-être qu'à ce jeu-là vous finiriez par arriver à avoir un enfant, la Rivet et vous. L'une comme l'autre vous êtes sèches du ventre, mes pauvresses ! Et quand je pense que c'est à ça que j'ai donné mon fils !

Marie ne répond pas. De son cabas elle sort un petit paquet de boucherie.

– C'est pour vous. Du boudin noir tout frais d'hier. Je l'ai pris au marché. J'ai pensé que ça vous ferait plaisir. Les docteurs disent que le boudin est bon pour la santé, à cause du fer qu'il y a dedans. Je l'ai lu dans le journal.

La Marie-Louise pince les lèvres de plus belle, se saisit du paquet avec une vivacité de rapace. Certes, on peut haïr sa belle-fille, mais de là à laisser filer trente centimètres de boudin noir, il y a un monde...

– J'ai pris aussi un beau gigot, insiste Marie. Pour samedi, avec nos amis Rivet. Il en restera pour le dimanche et nous irons manger sur l'herbe si le temps se tient. Le gigot froid, c'est fameux avec de la moutarde et des cornichons.

Marie-Louise bat en retraite, claque la porte.

– Du gigot ! Et maintenant, ils font le gueuleton non seulement le dimanche, mais aussi le samedi. Et des déjeuners sur l'herbe, à se vautrer les uns sur les autres, sans doute ! Ah, la gourgandine ! Elle me tuera !

Hélas, les espoirs de gigot du samedi soir et de partie à la Renoir du dimanche font long feu. Le vendredi, Toussaint Rivet se sent mal. Il respire avec difficulté, flageole sur ses jambes, vomit abondamment et n'aspire qu'à une chose, dormir. Blanche, son épouse, est affolée. Son mari, à soixante-quatre ans, avec son caractère bien trempé et une vitalité plus qu'enviable, ne lui a jamais fait un coup pareil : tomber malade ! Elle ne sait pas comment s'y prendre. Désemparée, elle se tourne vers ses amis Besnard, et plus particulièrement vers Marie qui la prend sous son aile. Blanche Rivet est de ces personnes qui se noient dans un verre d'eau. Elle n'a d'avis sur rien et se contente d'épouser celui du dernier qui a parlé. Faible girouette, petite femme insignifiante, elle voit en la méritante et vaillante Marie Besnard la belle âme qui se chargera de tout, des soins du malade comme de la marche ordinaire de la maison. Rien n'est plus précieux dans l'existence que de pouvoir compter sur de bonnes personnes à l'esprit bien organisé. C'est du moins ce dont se persuade la pâle, la transparente, l'inexistante Blanche Rivet.

De fait les époux Besnard, et surtout Marie, se montrent irréprochables. Ils sont là quand il le faut au chevet du malade ; Marie prépare avec attention, sinon amour, les bouillons légers qu'il peut encore absorber. Admirable amie...

Néanmoins, lorsque retentissent les flonflons du 14 juillet 1939, Toussaint Rivet souffle son flambeau.

– Me voici seule sur terre, s'épouvante Blanche. Pas d'enfant, plus de mari. Personne en fin de compte. Que vais-je devenir ?

– Nous sommes là, assure celle qu'on commence à appeler « la Bonne Dame de Loudun », prenant la main de la malheureuse. Nous ne vous laisserons jamais tomber.

– Oh, Marie, mon amie, ma sauveuse, je vous le demande, oui, ne m'abandonnez pas !

– Je vous le jure.

Et Marie Besnard s'en tient à cette promesse. Dès les premiers jours de son veuvage, Blanche voit son amie lui apporter à domicile son repas du soir, puis bientôt celui du midi, et sa bienfaitrice n'oublie jamais de lui demander si elle a bien dormi, si elle ne fait pas trop de cauchemars, la nuit tombée, seule dans cette maison, elle qui est si sensible, si fragile.

Le temps s'écoule, paisible et monotone, puis, alors qu'une année a passé, une question émerge dans les conversations du soir, entre la poire et le fromage.

– Blanche, votre maison est bien grande pour vous seule, et vous ne l'entretenez guère. Elle se détériore. L'hiver va arriver, et vous vous réveillerez au printemps avec de gros travaux à entreprendre. Que comptez-vous faire ?

– Est-ce que je sais ?

Blanche appartient à cette catégorie de gens qui ne savent jamais ce qu'il faut faire ou dire. De plus, son état de santé n'est pas excellent, ces derniers temps.

– Conseillez-moi, Léon, avance-t-elle.

Et le brave homme s'empresse de répéter ce qu'il remue dans sa tête depuis un moment déjà.

– Pour vous être agréable, nous pouvons, Marie et moi, acheter votre maison en viager. Ce n'est pas ce qu'elle vaut, oh non ! Mais c'est la meilleure solution pour vous. Cela vous soulagera des frais d'entretien de la bâtisse tout en vous procurant un revenu et, bien entendu, vous pourrez continuer à y vivre, au milieu de vos meubles et de vos souvenirs. Qu'en dites-vous ?

– Non vous, Marie, qu'en dites-vous ? se défausse la veuve.

– Léon parle avec sagesse. Mais dame, je ne sais pas ce que nous pourrons faire de cette maison ! Si vous n'étiez pas notre amie la plus proche et la plus chère, nous ne penserions même pas à sortir un sou percé de notre maigre bourse pour l'achat de ces vieux murs.

Trois semaines plus tard, la vente en viager de la maison Rivet est enregistrée devant maître Demeule, le notaire attitré de la femme Besnard comme son père l'était de ses parents.

Quelque temps après, la veuve Rivet se sent gagnée par une sorte de neurasthénie. Sa santé décline. Elle ne sort plus guère de chez elle et il n'est plus question d'envisager la moindre escapade sur les bords de la Vienne ou de la Loire, et moins encore de riants déjeuners sur l'herbe. Le cœur n'y est plus.

Alors, dans un nouvel élan de générosité, les Besnard franchissent le pas décisif : ils l'accueillent sous leur propre toit. Dès lors le couple ne cesse de rappeler que le viager contracté n'est pas une bonne affaire pour lui.

– À ce jour, tout ce que j'y ai récolté, rabâche Léon, c'est de la dépense ! Si j'avais su dans quel état réel se trouvait votre bicoque, j'aurais regardé à deux fois avant de me lancer dans l'aventure.

– Ne l'écoutez pas, Blanche, réplique Marie. Il fait son grognon, mais vous savez bien que ce n'est pas l'appât d'une bonne affaire qui nous a dicté notre conduite. Nous avons seulement voulu vous venir en aide, vous simplifier l'existence. N'est-ce pas, Léon ?

– Sans doute, ma femme. Je ne dis pas le contraire, mais tout de même, la dépense est là et c'est moi qui débourse ! Et si je trouvais à louer, ce n'est pas le loyer qu'on tire de nos logements ces temps-ci qui changerait les choses. Regarde pour Louise Pinson, Marie. Nous la rencontrons dans l'autocar de Châtellerault, vous liez connaissance et depuis c'est tout juste si nous ne l'avons pas à charge. Hier encore tu lui as ramené des œufs et un morceau de cochon de la campagne. Du cochon ! En pleines restrictions ! Et combien tu lui as fait payer le tout ? Rien. Pas un sou ! Ton bon cœur nous perdra. Tu couves la Pinson comme un oiseau tombé du nid que tu aurais pris sous ton aile ou un chaton perdu.

Marie se rebiffe, comme chaque fois que le cas Pinson revient dans la conversation.

– Louise est une grande amie. Je ne te permets pas de la critiquer. Si tu prenais la peine de la connaître mieux, je suis sûr que tu conviendrais que j'ai raison. Elle a de l'instruction autant que nous deux réunis puisqu'elle est employée des postes ici, à Loudun. Travailler pour l'administration, ce n'est pas rien. En plus, elle connaît tout le monde dans le pays.

– Cause toujours, ma femme. Ce jour-là n'est pas arrivé et je maintiens ce que je dis. À force de générosité, tu vas nous mettre sur la paille !

– Excusez-le, Blanche, reprend Marie en haussant les épaules. Il faut le comprendre : chat échaudé craint l'eau froide, comme on dit, et pour ce qui est d'être échaudés, nous l'avons été, mon Léon et moi. Tenez, par exemple, moi, je me suis sacrifiée pour soigner mon premier époux, un malade de guerre, hélas, et quand il est mort à qui le pécule est allé ? À ceux qui n'ont jamais rien fait pour lui. Même chose pour notre grand-tante Lecomte. On a pris soin d'elle mieux que si nous avions été ses propres enfants. En remerciement, qu'est-ce qu'il a entendu chez le notaire, mon Léon ? Qu'il n'aurait rien, qu'il n'existait pas pour elle. Alors, forcément, tout ça remue dans sa tête, vous comprenez...

– Oh, se défend la molle veuve, avec moi, vous n'aurez pas affaire à une ingrate.

– C'est ce qu'on dit tant qu'on est sur ses deux pieds, mais au dernier moment, adieu les belles promesses...

– Je n'ai ni enfant ni famille. Je n'ai que vous, voyons. À qui d'autre voulez-vous donc que je pense à mes derniers moments ?

Avec un air infiniment compatissant, Marie s'assied près de la veuve Rivet, prend ses mains entre les siennes et, de sa voix de miel, prodigue le conseil sage entre tous :

– Attendre les derniers instants ne rime à rien et prendre ses précautions tant qu'on est encore à peu près valide n'a jamais fait mourir personne.

Si vous avez des dispositions à prendre, pourquoi traîner ?

– C'est vrai.

– Vous n'avez qu'un mot à dire et nous vous conduirons chez le notaire.

– C'est que je ne connais rien à ces choses-là. Est-il bien nécessaire d'aller chez le notaire ?

– Non, nous ferons comme pour le viager, nous demanderons à maître Demeule de se déplacer. Il viendra ici même et fera le nécessaire.

– Vous m'aiderez, n'est-ce pas, Marie ? Comment dit-on lorsqu'on laisse tout ce qu'on possède à une seule et même personne ? On la déclare... ah, comment donc ?

– Son légataire universel. Je vais vous l'écrire sur un morceau de papier afin que vous ne l'oubliiez pas. Quand maître Demeule sera là, vous n'aurez qu'à lui lire ce qu'il y a d'écrit là-dessus.

Le 5 décembre 1941, l'efficace notaire des Besnard enregistre le testament de Blanche Rivet instituant Marie l'héritière de tous ses biens, lesquels représentent un actif déclaré de quelque 84 738 francs, une somme considérable pour l'époque.

Trois semaines plus tard, la donatrice passe de vie à trépas lors d'une aggravation subite que le Dr Delaroche attribue sans hésiter à une crise d'urémie.

De nouveau, les époux Besnard prennent le chemin du cimetière. Eux qui ont si bien appris à compter jusqu'au moindre sou peuvent se féliciter des économies qu'ils réalisent sur les tenues de deuil. En effet, manteaux noirs, voiles de crêpe et mantilles font de l'usage, comme on dit, puisque les décès tombent sur eux en avalanche. Qu'on en juge ! En dix mois, de mai 1940 à mars 1941, les malheureux époux Besnard vont porter en terre cinq de leurs très proches parents. Le père de Marie, d'abord, soixante-dix-huit ans ; la « petite grand-mère » de Léon ensuite, qui vivait sous le même toit que Marcellin et Marie-Louise et qui consent enfin, à quatre-vingt-douze ans, à cesser de trembler. Puis, à peine deux mois plus tard, voilà que, en novembre 1940, Marcellin Besnard lui-même, le père de Léon, ne se sent pas bien. Son état empire rapidement et lorsque le Dr Delaroche est appelé à son chevet, il se trouve devant un malade plus mort que vif.

– Ma mère lui a fait manger des patates trop vieilles, presque pourries, c'est à cause de ça ! accuse Léon. Elle ferait crever la terre entière pour grignoter vingt sous !

– Ah çà, les pommes de terre germées et en voie de décomposition ce n'est pas fameux, admet le praticien. Il faut s'en méfier autant sinon plus que des champignons... Votre femme n'apportait-elle pas, de temps en temps, un plat de champignons à son beau-père ? Il aimait beaucoup ça, je crois...

– Oui, mais voilà belle lurette qu'on les laissait dans leur coin, ces deux rats ! Ils ont tout raflé à la mort de la grand-tante, en août 1938. Et ça, on n'est pas près de le leur pardonner. On ne se causait plus, je vous dis, alors pas question de leur apporter seulement un bouquet de fanes de navet ! Rien ! On n'a pas à servir la gamelle de gredins qui ont la bouche pleine ! D'ailleurs, on en a assez à nourrir comme ça. Tenez, docteur, depuis mai 1940 et la mort du vieux Davaillaud, le père de Marie, aux Liboureaux, nous avons ma belle-mère à demeure. On a même failli hériter du chien en sus, mais Marie s'en est occupée au moment de ramener sa mère. Elle lui a réglé son affaire en moins de deux, au cabot ! Moi, pour un peu, je me laissais attendrir et je ramenais Castor avec nous. Heureusement qu'elle sait garder la tête froide, ma Marie, sinon je ne sais pas comment on réussirait à faire face !

Il semble que huit ou neuf semaines soient un délai raisonnable, car c'est ce laps de temps qui s'écoule avant que la Grande Faucheuse ne frappe de nouveau.

En trois jours d'une maladie qui semble être une sévère congestion pulmonaire, Marie-Louise, la veuve et l'héritière de Marcellin, passe de vie à trépas. La fatalité ne lui aura guère laissé le loisir de jouir du legs de son époux, ni même, comme elle en a l'intention, de déshériter son fils honni, Léon, au profit de sa sœur, Lucie.

Durant ce mois de janvier 1941, il gèle à pierre fendre. Le cercueil de la défunte est véhiculé en voiture à bras dans les étroites rues aux pavés glacés.

– De toute façon, lâche Léon à l'adresse de la cousine Vérité, sur le chemin du cimetière, je n'aurais pas gâché un demi-litre du peu d'essence que le rationnement nous laisse pour transporter dans ma voiture la dépouille d'une « telle charogne » !

7

QUAND LE DESTIN S'ACHARNE

Les jours et les semaines qui suivent, Lucie et Léon se voient contraints, la mort dans l'âme, de se rencontrer et de se parler. Il faut en effet trouver un accord sur le partage des biens laissés par leurs parents défunts. Mais c'est Lucie qui a la donne en main. Lui, Léon, une fois de plus, ne figure au testament que comme quotité négligeable. Il ne décolère pas. Toutefois il parvient à se contenir autant que possible et, à plusieurs reprises, des voisins voient Lucie se rendre chez son frère pour une nouvelle confrontation. Elle habite une petite maison de Loudun, avec une cour et un jardin, à deux pas de chez les Besnard. Pour un peu, de chez elle, elle pourrait entendre les noms d'oiseau dont l'affuble Léon lorsqu'elle a le dos tourné.

Mais on a beau passer des heures à discuter autour d'un arpent de terre ou de la répartition du fameux emprunt russe, on n'avance guère. Le mois de mars touchant à sa fin, Léon commence à perdre patience. Avec cet instinct qui caractérise les affairistes frénétiques, il se persuade que le temps qui passe joue contre lui. Il n'en dort plus la nuit et réveille Marie.

– La peste ! Elle va nous posséder, je le sens, je le sais ! Elle nous lanterne et, au bout du compte, nous ne verrons rien de l'héritage ! Elle est plus rat que le père et la mère ne l'ont jamais été. En plus, bigote, confite en dévotion comme je la connais, je la crois capable de tout donner à l'Église par testament ! Et alors, toi et moi, Marie, nous n'aurons plus, une fois encore, que nos yeux pour pleurer. Et ça, tu vois, jamais je ne l'accepterai !

– Ne te mets dans des états pareils, Léon. Rendors-toi. La Lucie, je l'ai gardée à manger avec nous deux fois la semaine dernière. Voilà encore un mois, c'était inimaginable. Elle commence à changer d'opinion sur ce que nous sommes...

– Je t'en foutrais, moi ! Elle veut bien partager la soupe avec nous parce que ça lui fait toujours autant de moins à dépenser, voilà tout ! Ne te berce pas d'illusions, ma femme, elle n'accepte de manger notre pain aujourd'hui que pour mieux dévorer mon héritage demain !

Quarante-huit heures après cet accès de rage nocturne, Léon Besnard se rend chez Laly, le garde champêtre. Comme il est d'usage, les deux hommes commencent par vider une fillette de cabernet des coteaux de Saumur en discutant du temps qu'il fait et de celui qu'on aurait dû avoir si le climat n'était pas détraqué à cause de la guerre, des bombes, des avions et des coups de canon tirés dans le ciel qui, c'est bien connu, chassent les nuages et donc la pluie dont on a tant besoin en mars pour les emblaves de printemps. Même si Loudun est un chef-lieu de canton, les us et coutumes y sont ceux de la campagne. On n'aborde le vrai motif de toute conversation qu'après avoir sacrifié à ces rituels.

– L'est fameux, ton rosé, dit encore Léon.

– Pour sûr. Mais ton chinon, le rouge que tu nous as servi après l'enterrement de ta pauvre grand-tante, il est pas mal non plus.

– Oh, il est jeune encore. Une paire d'années de cave et il sera *comme faut.*

– Peut-être bien... Mais qu'est-ce qui t'amène donc, Léon ? Tu me parais soucieux.

– C'est rapport à Lucie. Ma sœur.

Disant ces mots, Léon avale une gorgée de vin pour se retenir de cracher par terre.

– Ta sœur ? Qu'est-ce qu'elle a donc ?

– Voilà deux jours que je ne l'ai pas vue. Non seulement elle n'est pas venue à la maison comme convenu pour qu'on cause de nos affaires, mais personne ne l'a aperçue dans son jardin et ses volets sont fermés.

– Voilà que tu t'inquiètes pour elle, à présent ? ricane Laly. C'est nouveau. Voilà une semaine ou deux, tu la traitais de garce et de voleuse.

– On a eu des mots, sans doute, mais ça n'empêche pas les sentiments.

– Bon, on va aller voir de quoi il retourne. Au passage nous prendrons André, le serrurier.

Un moment plus tard, les trois hommes pénètrent dans le petit jardin de Lucie.

– Tiens, on dirait bien qu'on a escaladé le mur de la cour, note le serrurier en crochetant le portail. Encore quelques chapardeurs de potager. Avec la guerre et les restrictions, les gens n'ont plus rien à se mettre sous la dent...

La porte de la maison est fermée à clef mais André ne rencontre aucune difficulté pour l'ouvrir. Lorsqu'il pousse le battant, une immonde puanteur assaille les visiteurs, mélange de saleté, de mangeaille avariée, de pisse de chat. Et de mort.

Léon étouffe un juron. Les deux autres se découvrent et esquissent un signe de croix. Tous les trois restent médusés sur le seuil, les yeux rivés sur ce que la chiche clarté de la porte ouverte leur livre. Lucie, pendue à la rampe d'escalier, la langue sortie, les bras ballants et raides, la pointe des pieds affleurant le sol, le visage boursouflé et bleui.

– Il faut aller chercher les gendarmes, décrète le garde champêtre. En v'là, une histoire. Elle, Lucie, si croyante, se suicider, se jeter tout droit dans les flammes de l'enfer ! Qui aurait pu croire que ça arriverait ? Et puis regardez, elle porte le vieux manteau qu'elle mettait pour faire le jardin. Je la voyais souvent en train de bêcher ou de biner et on causait par-dessus le muret. Drôle d'idée tout de même que de garder son manteau pour se pendre. On dirait qu'elle est passée d'un coup d'un seul du potager à la corde. Est-ce qu'on s'occupe de faire pousser des légumes quand on en est rendu à vouloir se tuer ?

Les gendarmes ainsi que le Dr Delaroche, appelé sur les lieux, arrivent aux mêmes constatations et aux mêmes interrogations de bon sens. Le médecin se montre fort sceptique et soupçonne un coup fourré. Il examine le cadavre avec minutie mais ne découvre aucune trace de lutte ou de strangulation manuelle avant la pendaison. Les traces de terre qu'il décèle sous les ongles de la morte l'intriguent, mais tout est d'une telle saleté dans la petite maison qu'il finit par se persuader que Lucie ne devait se laver les mains que dans les très grandes occasions. Alors, il consent à signer le permis d'inhumer mais sa perplexité irrite Marie : ne cachant pas son mécontentement, elle clame à qui veut l'entendre que le Dr Delaroche ne franchira plus le seuil de sa maison. Dorénavant donc, chez les Besnard, on ira mourir entre d'autres mains...

Cependant, c'est entre celles de Léon que tombe l'héritage de Lucie, puisque la malheureuse n'a pas eu le temps de prendre les dispositions contraires qu'on pouvait redouter, tant le frère et la sœur se détestaient. Est-ce la raison de la bonne humeur de Marie les jours suivants ? Lorsque le sieur Gandiol, ébéniste, se présente chez les Besnard pour prendre commande de la bière destinée à la disparue, quelle n'est pas sa surprise de trouver Marie à plaisanter et à rire avec son amie Louise Pinson sur le dos de la disparue ? Et son étonnement de virer à la consternation quand cette même Marie lance, en guise de formule d'accueil :

– Tiens, voilà un monsieur à qui nous devons déjà deux cercueils ! Eh bien, ça en fera trois !

Le mémoire des créances macabres en restera là pour un temps car il arrive au destin lui-même de s'accorder une pause. Ainsi, on ne mourra plus sous le toit ou dans le giron du charmant couple Besnard avant le bel été 1945, celui de la liberté recouvrée. Toutefois, on continue à y pratiquer la charité.

Léon a deux cousines âgées, les sœurs Lalleron, qui habitent aux Trois-Moutiers. Au début de la guerre, effrayées par les hostilités, elles ont quitté leur maison et vivent depuis dans deux pièces louées à un ménage de leur connaissance, les Georget. Elles bénéficient d'une rente et du revenu du placement de leur part sur la vente d'un immeuble hérité en communauté à la suite du décès d'un de leurs proches parents, ecclésiastique en la même paroisse des Trois-Moutiers.

À leur arrivée chez les Georget, elles ont demandé qu'une cassette, sans doute fort précieuse à leurs yeux, soit enterrée dans le jardin, mais elles se sont bien vite ravisées et ont demandé à récupérer le coffret. Par ces temps d'invasion, comment être tranquille ? Les sœurs Lalleron vivent dans la hantise de se voir dépouillées. D'une avarice frisant la névrose, Pauline, l'aînée, quatre-vingt-trois ans en 1941, ne se sépare bientôt plus de son magot, même au lit, le gardant bien serré contre elle, dans un sac accroché à une ceinture et caché sous ses jupes et jupons.

Après plusieurs visites des Besnard, les cousines se laissent convaincre de venir loger à Loudun.

– Notre maison est bien trop grande pour nous autres, plaide le couple. Nous avons des pièces inoccupées. Nous en mettrons trois à votre disposition. Elles communiquent avec notre logis et nous n'aurons même pas à sortir pour nous voir et nous parler. Ce serait plus commode pour vous soigner si l'une de vous était souffrante, et vous seriez davantage en sécurité.

Les cousines ne peuvent pas rester insensibles à ce dernier argument : le magot qu'on couve sous les jupes ne sera-t-il pas mieux en sûreté chez un cousin que chez un couple d'étrangers à qui on a eu l'imprudence de dévoiler son existence avec l'histoire de la cassette enterrée ? Au printemps 1941 l'affaire est entendue, Pauline, veuve Bodineau, et Marie-Virginie, vieille fille qui va fêter alors ses quatre-vingts ans, franchissent le pas et s'installent à Loudun, dans la demeure des Besnard.

Malgré les successions à répétition des années 1940 et 1941 et ces journées entières à brasser des actes notariés, à compter et recompter les sous, Marie tient parfaitement son rôle. Lorsqu'on ne la voit pas au cimetière, déposant de petits bouquets sur ses chères tombes, c'est qu'elle se trouve en prière au pied de la statue de la Vierge dans l'église de Loudun. De ce fait, son aura en ville et dans la campagne environnante demeure fort enviable. Par quel prodige une femme accablée par tant de malheurs parvient-elle à se tenir si digne et à rester aussi bienveillante, souriante, attentive aux autres ? L'intéressée a sa réponse, qu'elle délivre avec humilité :

– Oh, je n'ai guère de mérite, vous savez. Je suis fort croyante et je sais dans mon cœur que mes chers disparus sont bien mieux là où ils sont, au Royaume des Cieux, que dans cette vallée de larmes où nous subissons à l'heure actuelle, sous la botte allemande, tant de malheurs et tant d'humiliations ! Mais je le reconnais bien volontiers, sans le secours de la foi je m'effondrerais. D'ailleurs, si vous saviez comme nous pleurons nos morts, mon époux et moi, le soir, chez nous, une fois les volets clos ! La disparition si brutale de sa sœur Lucie l'a tellement affecté, mon Léon... Mais que voulez-vous, il faut bien continuer à vivre !

Une fin d'après-midi, au cours de l'année 1943, Léon et Louise Pinson devisent gaiement à propos de rumeurs loudunaises prêtant des coucheries à des dames très bien dont le mari est prisonnier en Allemagne. Devenue la voisine des Besnard en louant la maisonnette laissée vacante par la mort de Lucie, Louise passe beaucoup de temps en leur compagnie. Peut-être parce que, chez elle, le fantôme de la suicidée plane encore dans la cage d'escalier.

Marie revient de chez le médecin. Les deux autres se taisent en la voyant paraître car elle n'a pas la tête des bons jours. Léon l'interroge du regard. La veuve Pinson se lève pour prendre congé, par discrétion, bien que la curiosité la taraude.

– Restez, Louise, pour une amie comme vous je n'ai pas de secrets. Eh bien, c'est ce que nous redoutions. Je vais y avoir droit. Le billard, oui, l'opération. La totale, comme on dit. Bref, pour une femme, la déchéance. Mais il paraît que je n'ai pas le choix. Ah, ma pauvre Louise, ah, mon gentil Léon, qu'allons-nous devenir ? Si je devais y rester, Louise, je veux que vous me promettiez de veiller sur Léon. C'est un grand gosse qui ne sait pas se débrouiller seul. Vous qui avez travaillé à la poste, dans l'administration, et qui avez l'habitude de la paperasse ainsi que le sens des intérêts, vous serez de bon conseil, j'en suis certaine. Et toi Léon, promets-moi de ne pas laisser tomber maman. Tu vois, depuis qu'elle est avec nous, elle ne prend guère de place. Depuis mai 1940 et la mort de son mari, elle passe son temps entre la chaise près de la cuisinière et son fauteuil devant la fenêtre de sa chambre. Elle ne voit plus très clair, n'entend que ce qu'elle veut bien entendre et mange comme un oiseau. Ce n'est pas une grande charge !

La Pinson est disposée à jurer tout ce qu'on veut. Elle ouvre la bouche pour prêter serment, mais Léon la devance.

– Allons, ne dis pas de sottises, Marie. Tu es solide comme un roc. Ce ne sera qu'un mauvais moment à passer, tu verras.

– Oui, un mauvais moment, renchérit Louise.

8

L'AMIE FIDÈLE

– J'allume ce cierge à votre autel, Vierge Marie, pour vous dire merci. Je suis encore de ce monde car vous m'avez protégée. Ils m'ont ouvert le ventre, ils me l'ont vidé comme on vide une lapine qui n'est plus bonne à faire des petits et qu'on mangera avec des navets. Ils m'ont fait mal, Sainte Vierge. Des tiraillements de panse sans fin, ces trois derniers mois, ont fait de mes nuits un enfer. Je souffre tant que je dors seule, pour ne pas déranger mon Léon avec mes insomnies et mes plaintes. Aujourd'hui est un jour béni : j'ai pu venir jusqu'ici, à l'église, mettre ce cierge et prier. Sur mon chemin, j'ai croisé des femmes qui me connaissent. « Oh, que vous avez maigri, Marie ! Mais vous êtes encore là, c'est le principal ! » Sainte Vierge, quelle humiliation. J'ai vu dans le regard des gens la moquerie, le mépris. Ils savourent ma déchéance. Ils se gaussent de ce que je ne suis plus, c'est-à-dire une femme. Vous me comprenez, n'est-ce pas ? Eh bien, ma déchéance, je crois qu'elle est écrite sur mon front. Je le vois dans les yeux de ces sans-cœur, de ces crétins... Oh, faites excuse, Bonne Vierge. Je souffre tant que les mots dépassent ma pensée. Mais tous autant qu'ils sont, ils ne m'auront pas ! Non, ils ont beau ricaner sur mon passage, tous ces misérables, ils ne me détruiront pas. Je suis venue vous demander votre aide, vous ma sainte patronne puisque, vous le savez bien, je me prénomme Marie. Donnez-moi la force, demain, d'aller faire les commissions et de tenir bon, tant sur mes jambes que dans ma tête, quand je croiserai leurs regards moqueurs et entendrai dans mon dos les saletés qui les mettent en joie ! Je suis votre pauvre fille meurtrie, Bonne Vierge, ne m'abandonnez pas !

Tenue éloignée du sanctuaire de longues semaines par une convalescence aussi douloureuse dans sa chair que traumatisante dans sa tête, Marie Besnard, agenouillée sur les marches de la petite chapelle de la Vierge, dit ainsi sa détresse, sa souffrance, avec une sincérité bouleversante.

Le lendemain, comme elle l'a annoncé, elle fait les courses. Regards en coin, commentaires acides, sourires perfides ne l'atteignent pas. Ce matin, elle a pu relever le défi. Pendant des semaines, la fidèle amie Louise Pinson a fait la file devant les commerces avec en main les tickets de rationnement. La guerre, l'Occupation ! Marie, de son lit puis de son fauteuil – celui où n'en finissait pas de trembler l'aïeule –, lui dictait ce qu'il fallait acheter et, sans grand succès, tentait de lui expliquer que, pour peu qu'on sache faire comprendre au boutiquier qu'on avait de quoi payer sous le manteau, la pesée pouvait changer du tout au tout.

La Pinson n'a jamais su se faire à ce jeu, aussi Marie décide-t-elle de reprendre les choses en main. Car elle sait s'y prendre, la Marie.

– Oh, madame Besnard, c'est pas pour dire, mais on vous a crue morte, feint-on de compatir dans la file d'attente qui s'allonge sur le trottoir du tripier.

– Le Bon Dieu n'a pas voulu de moi, et le diable non plus, répond-elle. Mais je suis encore bien faible sur mes jambes, et tout ce temps à piétiner !

Alors on la prend en pitié et voilà cinq ou six places gagnées dans la queue. Et le tripier de s'extasier devant la revenante. Leurs regards se rencontrent. Elle, la si bonne cliente, insinue d'une œillade que le ticket de rationnement n'est qu'un compromis malheureux, et le tripier n'ignore pas qu'on a de quoi, chez les Besnard, payer sous la table deux fois le prix d'un kilo qui ne fera jamais que cinq cents grammes.

Nonobstant, elle est fière d'elle, Marie, quand elle reprend le chemin du faubourg de Mirebeau et de la maison familiale. Ce n'est pas la Pinson qui aurait réussi à rapporter si belle becquée au nid. Et les vieilles cousines Lalleron ne sont pas oubliées. Elles n'ont plus grand appétit à leur âge, mais Marie ne manque jamais de leur donner de quoi accommoder une bonne soupe ou une cassolette de gras-double quand elle en déniche.

Même si elle se sent faible sur ses jambes, même si elle réalise qu'elle en a peut-être un peu trop fait pour une sortie de convalescence, Marie est heureuse. Comme lorsque, enfant aux Liboureaux, son tablier d'écolière faisant office de panier, elle rapportait en guise d'offrande à son papa et à sa maman les œufs du jour qu'une poule aventureuse avait pondus dans une haie et que les rats ou les chats auraient boulottés au crépuscule.

Dès son arrivée à la maison, elle veut se faire petite souris afin de ménager son effet. Elle tourne la poignée de porte avec précaution pour surprendre, mais la pièce principale est vide. Louise, la grande amie Louise, serait-elle retournée dans ses foyers, elle qui dort ici depuis qu'elle a décidé que les bombardements, pourtant lointains, la terrorisaient ? Et Léon, où se trouve-t-il donc alors qu'on approche de midi, lui qui ne transige pas sur « l'heure de la soupe » ?

Depuis la mort des parents Besnard, le logement voisin est vacant. Un mur le sépare de celui de Léon et Marie. Faible cloison qui ne suffit pas à étouffer les soupirs, les râles. Cette musique-là, celle du plaisir, Marie la connaît à la perfection pour l'avoir jouée si souvent depuis l'adolescence. Elle reste plantée là, stupéfaite, anéantie. Elle lâche son panier sur la table, vient coller l'oreille contre le mur, car tout autant qu'elle la révolte la situation la fascine. Des images douloureuses mais fortes s'imposent à elle, la Louise vautrée sous son Léon, et lui arc-bouté à sa tâche, le visage en sueur, la pupille dilatée.

– Comme des bêtes ! Ils copulent dans mon dos alors que j'endure le martyre ! Ah, les cochons !

Elle se laisse tomber sur une chaise, se prend le ventre à deux mains comme si là, depuis la mutilation, se situait la source de son infortune. Elle ferme les yeux, résiste à l'envie de crier, se ressaisit et parvient à retrouver son calme.

Un moment après, les amants reparaissent devant elle, Louise d'abord, puis Léon trois minutes plus tard. Il aimerait cacher sa satisfaction mais c'est plus fort que lui, il faut qu'il arbore un petit air de coq satisfait. Elle le connaît si bien, Marie, son Léon ! Ah çà, il est loin de l'égaler dans l'art de la dissimulation... Ainsi, là, aucun des deux tourtereaux ne pourrait soupçonner qu'elle « sait », qu'elle a tout découvert. Elle se contente de paraître lasse.

– Je me rends compte que je me suis trop dépensée ce matin. Louise, soyez gentille, préparez donc le repas. Je ne me sens pas dans mon assiette. Je vais aller m'allonger. Je crois que je n'ai pas faim. Il faudra aussi penser à chauffer la gamelle des cousines. Non, laissez ça, je m'en occupe. Je la leur porte et je me mets au lit.

– Il faudrait tout de même que tu manges, professe Léon avec une sollicitude de commande. Le docteur a dit...

– Peu importe ce que le docteur raconte, moi je dis que je n'ai pas faim et c'est comme ça ! Louise va s'occuper de tout, là-dessus je suis bien tranquille. Moi, je vais me coucher.

Marie souffre. Mais Marie réfléchit. Louise Pinson est veuve, donc disponible, pire mariable. Et physiquement intègre, alors qu'elle, l'épouse légitime, ne se sent guère plus qu'une vieille vache au ventre mort. Et que possède-t-elle en propre ? Rien. Aller au conflit avec Léon et courir le risque d'un divorce qui la laisserait sur la paille ? Pas question. Mieux vaut fermer les yeux, ne rien dire, ne rien reprocher, feindre d'ignorer.

Et sourire. Comme toujours.

On est « la Bonne Dame de Loudun » ou on ne l'est pas.

Le soir, dans la lumière sourde de l'unique ampoule qui éclaire la table du dîner, Marie observe les deux autres à la dérobée. À Louise, on donnerait le Bon Dieu sans confession. Elle joue à merveille l'innocence. À Léon, on accorderait dix ou quinze ans de moins. Oui, Marie s'en convainc, il rajeunit, son Léon. Parfois un mauvais rictus lui échappe, alors, pleine de sollicitude, la Pinson s'en émeut :

– Quelque chose ne va pas, Marie ?

– Mon ventre. Il me lance encore de temps en temps. Je crois que je ferais mieux d'aller me coucher sans tarder. Louise, vous que les sirènes d'alertes épouvantent, vous n'avez qu'à dormir ici cette nuit encore.

– Ma foi, puisque vous le proposez si gentiment, je veux bien. Je me sentirai mieux protégée.

– Ben voyons, marmonne Marie.

Souvent, elle se relève en pleine nuit. Un mal diffus, à la fois physique et mental, la tourmente. Léon, lui, dort à poings fermés. Ce n'est guère étonnant compte tenu de l'exercice physique auquel il s'adonne en catimini, dès que sa femme a le dos tourné. Dans ces moments-là, Marie le déteste. Elle quitte en douceur le lit, la chambre et va s'asseoir devant la petite table où elle fait habituellement ses comptes. Par ces temps de pénurie et de couvre-feu, elle se contente d'une lampe à pétrole pour s'éclairer. Elle reste là, immobile, indécise, de longs moments. Parfois elle se dit qu'elle devrait écrire à son cher notaire, maître Demeule « le jeune » – qu'elle considère comme son enfant et qu'elle surnomme affectueusement « Fifils » – pour lui demander conseil au sujet de Léon et de sa trahison. Elle prend une feuille de papier, débouche l'encrier, y trempe la plume et cherche encore quelques instants ses mots. Il faut trouver la bonne formule, celle qui fera mouche... Car au dernier moment, comme si l'encre était le fiel du diable, ce n'est pas au notaire qu'elle s'adresse, et les phrases sèches qui viennent sous la « Sergent-Major » sont de celles qui tuent.

Cependant, petit corbeau noir éternellement en deuil, la Bonne Dame de Loudun continue de donner le change. Des files d'attente chez les BOF – beurre, œufs, fromages – aux sorties de grand-messe et aux allées du cimetière où des veuves armées de râteaux d'enfant viennent entretenir leur chère tombe en même temps que leur bonne conscience, on la voit confite en dévotion et en commisération. Il n'est pas un malheur à Loudun qui ne soit aussi le sien. Elle compatit, elle réconforte, elle conseille tous azimuts. On ne fait pas plus serviable que la « pauvre » Marie Besnard à qui le destin a pourtant ravi tant d'êtres proches et, depuis peu, jusqu'à ses entrailles de femme. Alors on se confie à elle :

– Madame Besnard, vous êtes au courant, pour ces lettres anonymes que certains reçoivent ces temps-ci ? On ne parle que de cela en ville. Qu'est-ce que vous en dites, vous ?

– J'en dis qu'il faut faire comme si elles n'existaient pas. Tenez, mon Léon et moi, nous en avons reçu une, oui, nous aussi. On nous y traite de « sales gens ». On se croirait revenu plusieurs siècles en arrière, au temps des possédées de Loudun et de ce pauvre Urbain Grandier, un ecclésiastique qui a lui-même été victime de dénonciations monstrueuses. On l'accusait de coucher avec ses paroissiennes et d'avoir ensorcelé les nonnes du couvent des Ursulines... C'était faux, bien sûr, mais des maris jaloux, des femmes frustrées et des religieuses exaltées se sont mis à accuser à tort et à travers, et le chanoine Grandier a été brûlé vif, là, à deux pas d'ici, sur la place Sainte-Croix. Ensuite on a jeté ses cendres aux quatre vents ! Un si bel homme, si j'en crois ce qu'on a écrit sur lui ! Chaque fois que je passe sur la place, j'en ai des frissons.

– Vous traiter de sales gens, vous, ben ça alors ! Et cette pauvre vieille fille d'Agathe Mantois qui tourne moitié folle depuis qu'elle a reçu une lettre dans laquelle on la traîne dans la fange. « Prostituée décrépite » qu'il a écrit, le corbeau ! Décrépite, bon d'accord, mais prostituée ? Pas cette pauvre fille, tout de même. En revanche quand il dit, le corbeau, que la femme Bondu couche avec le premier venu, on ne peut pas dire qu'il n'y ait que du faux. Hein, qu'est-ce que vous en pensez, madame Besnard ?

Marie hausse les épaules.

– Je n'accorde aucune attention à ces foutaises. Nous avons affaire à un malade... Ou à une malade. Vous savez, avec tous ces hommes retenus prisonniers en Allemagne, il y a sûrement des femmes à qui la « chose », comme on dit chez nous, monte à la tête ! Alors il faut que ça sorte d'une manière ou d'une autre, vous comprenez ?

– Oui, mais tout de même, de là à écrire des saletés pareilles à de braves gens il y a un monde, répond l'interlocutrice. Il faut être bien dérangé, ou alors bien malheureux. Vous qui savez tant de choses, madame Besnard, vous n'auriez pas idée de qui cela pourrait être ?

– Ma foi non. Dieu seul le sait. Et peut-être le diable aussi ? Oui, lui, le diable, il est sûrement dans la confidence...

Là-dessus Marie tourne les talons et rentre chez elle. Elle ressort un moment après. Il se fait tard, cependant c'est la bonne heure pour se faufiler sans être vue jusqu'à la boîte aux lettres, au coin du faubourg de Mirebeau et, au retour, surprendre peut-être les gloussements de la Pinson, l'amie fidèle.

Au dîner, le trio se trouve une fois encore réuni. Une forme de vie conjugale à trois s'est instaurée. Le non-dit épaissit les silences entre deux cuillerées de soupe ou de rutabaga.

– Ça barde pour les Boches, émet Marie pour meubler. Radio Paris a beau dire le contraire, les Alliés auraient réussi à débarquer et à prendre pied en Normandie. Je le tiens de M. Langlois, mon pharmacien, qui a ses accointances avec « les maquis », à ce qu'on raconte. D'ailleurs, les Boches se montrent plus nerveux que d'habitude et il paraît que ceux d'ici vont déguerpir d'un jour à l'autre pour remonter vers la Normandie. Bon débarras. Le vent tourne.

– Faut attendre pour voir, tempère Léon avec l'habile prudence qui l'anime depuis les premiers jours de l'Occupation. Va savoir ce qu'il y a de vrai dans tout ça !

– C'est comme pour les lettres anonymes, enchaîne Marie. On m'en a encore parlé aujourd'hui, comme tous les jours d'ailleurs. Les gens se posent des questions. Il y a du faux, mais il y a aussi sûrement du vrai là-dedans. Tenez, madame Dupuis, la femme du réparateur de vélos, me le disait pas plus tard que ce matin : le corbeau, c'est quelqu'un qui connaît bien des secrets des gens d'ici. Quelqu'un qui aurait travaillé à la poste, par exemple, et qui aurait entendu des conversations au standard ou glissé un œil indiscret dans de la correspondance...

– Vous dites ça pour moi ? s'offusque Louise Pinson.

Marie prend alors l'air de contrition qui lui va si bien.

– Oh, Louise, mon amie, loin de moi cette pensée ! Je me contente de rapporter ce qui se dit.

– Peut-être, mais j'ai bien compris ce que vous insinuez. Nous autres, fonctionnaires des postes, nous sommes au-dessus de tout soupçon !

– Je n'en doute pas, ma chère Louise, persifle Marie. Vous-même êtes la droiture et l'honnêteté incarnées. Et puis je suppose que vous avez tellement mieux à faire que de passer votre temps à écrire des lettres anonymes...

Un silence glacial s'installe. Léon baisse le nez dans son assiette et Louise pique un fard que Marie feint de ne pas voir. Elle prend encore deux cuillerées de potage et déclare :

– Mon ventre ! Ah, mon ventre, que de misères me fait-il ces temps-ci... Ce soir je ne peux plus avaler une bouchée, alors je vais me coucher. Vous ferez la vaisselle, Louise, n'est-ce pas ?

Dans la nuit, loin dans le ciel obscur, le vol lourd des bombardiers. Marie lève les yeux au plafond.

– Le vent tourne. Il finit toujours par tourner et, comme on dit, « tel qui rit vendredi dimanche pleurera ». Allons, je n'ai que trop tardé. Ne tarde pas trop à te coucher, Léon ; il se peut que tu aies encore une dure journée demain... À propos, tout à l'heure, en revenant, j'ai croisé la connaissance des cousines, l'ancien adjudant de gendarmerie, tu vois de qui je parle ?

– Oui, Bidron.

– Il avait l'air un peu éméché. Quand il m'a vue, il a rigolé. Il m'a semblé qu'il sortait d'ici. Qu'est-ce qu'il voulait ?

– Pendant que vous discutez entre vous, je vais voir si j'ai bien fermé les volets chez moi, s'échappe Louise Pinson.

– C'est ça, allez-y donc. Hein Léon, qu'est-ce qu'il voulait, l'adjudant Bidron ?

– La vieille teigne de cousine Pauline est allée pleurer dans son giron. Elle lui a raconté que je l'avais bousculée pour tenter de lui soutirer 50 000 francs et que j'aurais tout de même réussi à lui subtiliser 20 000 francs de titres en la terrorisant. Alors j'ai rétorqué à Bidron que la vieille Pauline n'avait plus sa tête, que ses titres étaient placés et qu'elle devait le savoir. Et je lui ai dit aussi que même pour un million, ce n'est pas moi qui irais regarder sous les jupes de cette vieille qui se néglige. Il a bien ri et je lui ai servi un verre ou deux et nous avons causé d'autre chose. Voilà toute l'affaire. Il n'y a vraiment pas de quoi s'affoler.

– Tout de même, soupire Marie, perplexe. En voilà, une manière de nous remercier pour tout ce que nous faisons pour elles ! Ce ne sont que deux bouches inutiles, tu devrais le leur rappeler un peu plus souvent.

Puis Marie quitte la pièce, passe dans sa chambre, donne de la lumière. Dans le miroir au-dessus du lavabo elle vérifie que, malgré l'opération chirurgicale et les années qui passent, elle reste attirante. Ce qu'elle voit dans la glace la rassure. Les traits sont encore fermes, le teint est frais, la bouche n'a rien perdu de sa sensualité, le regard demeure vif et espiègle quand il le faut, les seins se tiennent et la quinquagénaire n'a guère à se forcer pour prendre les attitudes discrètes mais sans équivoque qui suggèrent à l'homme des promesses de volupté.

– Pourquoi ne tournerait-il pas aussi pour moi, le vent ? se prend-elle à rêver.

À l'été 1944, les unes après les autres les villes de France et de Navarre sont libérées. L'occupant nazi est refoulé. La chape de plomb qui oppressait le pays depuis quatre interminables années vient de voler en éclats. On respire l'air de la liberté, on danse sur les places, on pavoise. Et, à Loudun comme ailleurs, on règle des comptes. La calomnie se donne les grands airs de la morale patriotique et se gargarise des formules vengeresses qu'inspire toujours l'héroïsme à retardement.

À quelques rues du faubourg de Mirebeau, une toute petite fille voit sa mère embarquée sans ménagement par un groupe d'hommes exaltés et braillards. Ils la conduisent sur la place Sainte-Croix, là où Urbain Grandier a été brûlé vif. Sous les huées, les insultes, les obscénités, la mère est assise de force sur un tabouret. Un freluquet lui arrache son corsage tandis qu'un coiffeur de rencontre massacre sa chevelure puis achève à la tondeuse le ravage expiatoire.

La petite Simone qui assiste à cela n'oubliera jamais. La blessure ne se refermera pas, même lorsque, cinq ou six ans plus tard, la lumière sera faite sur les accusations mensongères de « collaboration horizontale » avec l'ennemi dont sa mère a été la cible. Un voisin éconduit avait lancé la rumeur selon laquelle cette pauvre mère de famille, dont le mari ne devait pas revenir des camps de prisonniers, passait le plus clair de son temps à « coucher avec les Boches ». Alors, devenue grande, Simone a fait de la recherche de la vérité son métier. Elle est devenue journaliste. Elle s'appelle Simone Rabier.

Les meurtrissures, les dévastations de la calomnie, elle les a vécues dans son âme, dans son cœur et dans sa chair. Sa maman, anéantie à jamais par l'injustice et l'humiliation, est morte folle de désespoir dans un hospice quelque temps après les faits. Et c'est cette enfant-là, encore jeune adulte en 1961 lorsque s'ouvre le troisième et dernier procès de Marie Besnard, qui se trouve face à l'accusée. L'une sur le banc de presse, l'autre dans le box d'infamie.

Au cours des douze années de la très ténébreuse affaire de Loudun, la journaliste n'a cessé de se poser cette question : « Et si Marie, comme maman autrefois, comme Urbain Grandier jadis, n'était en fait que la victime de la bêtise, de la haine et de la jalousie ? »

1er juillet 1945. Après avoir sonné à toute volée – le 8 mai – la paix enfin revenue, les cloches se font beaucoup plus discrètes dans le ciel loudunais. Elles sonnent le glas d'une obscure ancêtre de quatre-vingt-huit ans, Pauline Lalleron, veuve Bodineau. Urémie des vieillards, diagnostique le Dr Gallois.

Les persiennes sont tirées et, dans la pénombre de la chambre mortuaire, seuls quelques voisins et l'adjudant Bidron viennent s'incliner sur la dépouille jusqu'à ce que se présente à son tour l'incontournable « Fifils », maître Demeule, le notaire attitré. Il n'est pas là pour *se recueillir*, mais plus prosaïquement pour *recueillir*. En effet, la cadette des sœurs Lalleron – quatre-vingt-trois ans – se retrouve seule détentrice des biens communs. C'est donc à elle de décider ce qu'il en adviendra si, ce qu'à Dieu ne plaise, elle venait à disparaître. Alors que sa sœur est encore sur son lit de mort, l'actif « Fifils » reçoit un testament en bonne et due forme instituant Léon Besnard seul héritier du magot.

À l'initiative de Marie, on débouche une bonne bouteille. Et sans doute boit-on à la santé de la survivante qui, une semaine plus tard, le 9 juillet, décède à son tour. Ah, quand le sort s'écharne ! Urémie des vieillards, affirme de nouveau le médecin.

Quelle lumineuse idée Léon et Marie ont eue de ne pas perdre de temps pour convoquer maître Demeule, afin qu'il enregistre les ultimes volontés de la sœur cadette ! Auraient-ils attendu une petite quinzaine de jours sous le prétexte hypocrite de respecter les usages et Dieu sait ce qui serait advenu de l'héritage ? Sans doute serait-il tombé dans l'escarcelle de ces vagues cousins de Tours qui, pourtant, ne se sont jamais souciés de leurs vieilles parentes Lalleron. Cela aurait été une bien grande injustice...

Ainsi, après une parenthèse de quatre années, il faut de nouveau prendre le chemin du cimetière. Loudun compatit. Après tant de chagrins et de malheurs intimes parmi lesquels ce que Marie appelle sa « déchéance », ne serait-il pas temps que le destin accorde un peu de bonheur à cette femme qui porte le deuil et les cornes de l'infortune conjugale avec une égale dignité ?

9

LE BEL ÉTÉ

Avec l'âge, Léon Besnard ne se sent plus aussi costaud ; il se plaint de plus en plus souvent des reins, il renâcle à soulever des charges lourdes et à grimper à l'échelle.

– Ce n'est plus pour moi, déplore-t-il devant Marie et Louise, « ses deux femmes » comme on dit en ricanant dans le faubourg. Puisqu'on peut engager un de ces Boches prisonniers de guerre, je vais me renseigner sur la marche à suivre. Qu'en dites-vous ?

– Ce sera tout de même une bouche de plus à nourrir, plaisante Marie, mais si tu nous le choisis costaud et bon travailleur, nous devrions nous y retrouver. Je suis bien certaine que Louise saura apprécier la présence d'un jeune gars en pleine vigueur à portée de main.

La Pinson rosit et minaude.

– Oh, Marie, pour qui voulez-vous me faire passer ? Voyons, je ne vous permets pas !

Quelques jours plus tard, par un bel après-midi de mai, Léon revient à la maison flanqué de son domestique, Adolf. Un prénom difficile à porter, en 1947. Hitler est mort depuis deux ans, certes, mais son ombre hante les esprits pour longtemps encore.

Le jeune Adolf Dietz a alors vingt-quatre ans. Incorporé dans l'armée du Reich pour la défense du Mur de l'Atlantique, il a été fait prisonnier en 1944 et affecté dans un commando de travailleurs agricoles.

Tout fier de sa « trouvaille », avant de rentrer au bercail il a emmené le jeune homme au Cheval Blanc, chez Trousseau, boire un verre. Et il a profité de l'occasion pour montrer sa nouvelle « acquisition », un peu comme il aurait pris plaisir à exhiber un beau percheron acheté le matin à la foire. Léon en profite aussi pour expliquer à l'Allemand que cet hôtel, certes modeste, qui fait face à sa demeure, est également devenu sa propriété. Il importe en effet que le nouveau venu sache à qui il a affaire et qu'il comprenne d'emblée que ce n'est pas au service d'un gagne-petit qu'il a le privilège d'entrer.

Le garçon est grand, bien bâti, blond, agréable à regarder. Lorsqu'il pénètre dans la maison, sur les talons de son nouveau maître, il ne manque pas de saluer la vieille mère Davaillaud, Marie et

Louise en Allemand bien élevé, inclinant la tête. Il s'en faut d'un rien qu'il ne claque des talons. Ce sont des manières que Marie est à même d'apprécier. Manifestement vif d'esprit, l'étranger parle un français très correct mais avec un accent marqué qui fait pouffer les deux femmes lorsqu'il prononce ses premiers mots.

– Il s'appelle Adolf, commente Léon, avec une autorité revigorée. Mais pas question d'entendre ça chez moi. On n'aura qu'à l'appeler par son nom de famille, Dietz, et ça ira comme ça.

Le diktat du maître de maison fera long feu. Dès le deuxième jour, alors qu'on traîne un peu à table et que Marie pose maintes questions au garçon sur son passé, sa vie en Allemagne, sa famille, celui-ci se laisse aller à quelques confidences qu'il livre avec une pointe d'émotion. Seule la vieille mère de Marie y reste insensible. Les Boches, elle ne peut pas les supporter, aussi se mure-t-elle dans un silence hostile. Bientôt elle se réfugiera dans sa chambre d'où elle ne sortira plus guère, même pour les repas.

– Quand j'étais petit, maman m'appelait Ady, confie le prisonnier. Et encore aujourd'hui, dans les rares lettres qui me parviennent, elle m'écrit « mon petit Ady ».

Marie laisse passer un temps, puis, rompant le silence et le souffle d'émotion, elle décrète :

– Eh bien ici aussi, pour nous ce sera Ady. C'est tout de même plus gentil que Dietz, non ?

Chacun en convient, même Léon. Il n'y a que la vieille Davaillaud pour ne pas adhérer. Elle se détourne et quitte la pièce en marmonnant :

– Je t'en ficherais moi, du Ady ! À ce train-là, dans trois mois il se prendra pour le fils de la maison et avant la fin de l'année il en sera le maître !

Le dimanche qui suit, Léon Besnard a une idée lumineuse. Il entreprend un périple en auto à travers les environs pour montrer à Ady les terres qu'il possède et où il aura à travailler. Le mois de mai est magnifique, alors on déjeunera sur l'herbe. Le choix de Marie pour le pique-nique se porte sur les Liboureaux, son bien propre, sous un grand chêne au milieu d'une prairie en pente où, enfant, elle gardait les moutons. Louise Pinson est de la partie. Les hommes prennent place à l'avant de la Fiat 8 CV, les femmes à l'arrière. Léon conduit et, s'arrêtant devant chaque parcelle, émet un commentaire de propriétaire fier de son avoir. Ady acquiesce, se fend de compliments énoncés sur un mode guttural qui amuse beaucoup Marie. Elle a toujours aimé rire.

Louise Pinson, elle, suit les explications et descriptions de Léon avec attention. Elle se verrait bien en propriétaire terrienne, épouse légitime du sieur Besnard. Mais il y a Marie... Elles rient ensemble aux plaisanteries éculées que Léon se croit tenu de lancer pour en imposer à l'Allemand. Pourtant elles se détestent de cette amitié haineuse qui parfois parvient à lier deux femmes une vie entière.

Alors qu'on fait route vers les Liboureaux pour le pique-nique, Léon stoppe soudain et lâche, tout joyeux :

– Eh toi, le B...

– Pas ça, s'il te plaît ! intervient Marie qui veille au grain...

– Bon, d'accord. Toi Ady, se reprend Léon, savoir conduire ? Je te passe le volant, tu veux ?

Il n'attend que cela, Ady.

Il est heureux comme un enfant devant un jouet de Noël quand il s'installe à la place du conducteur. Assise à l'arrière, Marie croise son regard bleu clair dans le rétroviseur. Ils se sourient. Elle le perçoit parfois comme un grand fils dont elle serait fière, parfois comme un bel animal humain, plein de vitalité, d'ardeur.

On rit beaucoup, au cours du repas champêtre. Léon veille à ce que les verres ne demeurent jamais vides et, comme il commence à être gris, il ne peut retenir la bonne blague du moment quand il vide une bouteille :

– Encore une que les Boches n'auront pas.

Ady, qui n'est pas sot, entre dans le jeu et lance un grand rire juvénile qui fait plaisir à entendre.

Mai est magnifique. Le grand chêne offre son ombre, le soleil sa chaleur incandescente. La prairie ondoie dans la canicule précoce. Le sang bat fort sous les tempes et, après la tarte aux groseilles et le verre de gnôle, Léon s'assoupit au pied du bel arbre. Louise somnole, elle aussi, étendue non loin de lui. Marie, yeux mi-clos, observe Ady qui, délaissant l'ombre pour la pleine lumière, débraillé jusqu'au nombril, fume des cigarettes en vidant au goulot une bouteille de sauvignon trop chaud.

Marie s'assoupit à son tour. Un juron en allemand la ramène vite à la réalité. Ady vient de constater un double malheur : la bouteille de sauvignon était la dernière et il n'a plus d'allumettes. Ni de cigarettes d'ailleurs. L'éclat de voix sort aussi les deux autres de leur torpeur. Embarrassé et gauche, le garçon s'empêtre dans des excuses à tiroirs et Léon consent à rire.

Sans doute en raison de ce mois de mai éclatant, peut-être pour de tout autres motifs, Marie abandonne enfin ses vêtements de deuil et opte pour des robes plus légères, plus courtes aussi, mais ainsi le veut la nouvelle mode.

Au marché, dans les boutiques où elle a ses habitudes, on la complimente pour sa santé et sa vaillance recouvrées.

– Quand je pense qu'on vous a crue perdue, confesse la femme du tripier calée derrière sa caisse. Après votre opération, votre amie madame

Pinson ne nous laissait guère d'espoir. Chaque fois que nous causions avec elle, elle nous confiait sa crainte de ne pas vous voir passer la saison. Hélas, disait-elle, je crois bien qu'il n'y a plus d'espoir. Et puis vous voilà, quatre bonnes années plus tard, plus gaillarde que jamais ! Ah, ça alors ! Qui l'aurait cru ?

« Oui qui ? ricane sous cape Marie. En tout cas pas la Pinson. Peut-être même que mon beau Léon n'y comptait pas plus qu'elle ! »

Mais ce printemps est si beau et la gaieté nouvelle de la maison Besnard si inattendue qu'aucune perfidie ne saurait atteindre la Bonne Dame de Loudun.

Ce mercredi-là, trois jours après le pique-nique sous le grand chêne des Liboureaux, elle rentre du marché d'un pas alerte. Elle porte un chemisier blanc à pois bleus et une jupe grise qui flotte autour de ses jambes nues. À cinquante ans, elle reste la piquante brune qu'elle était à trente. Mieux, même, dans sa prunelle, dans sa façon de se mouvoir, de rire, de soutenir le regard des hommes, on peut déceler une sensualité d'autant plus avivée qu'elle a été longtemps réprimée.

Avant de déposer ses commissions dans la cuisine, elle cherche Ady. Elle a une surprise pour lui.

L'employé se trouve sous l'appentis, dans le prolongement de la corderie. Léon l'a chargé de graisser les mécanismes d'une faucheuse-lieuse qu'il vient d'acheter d'occasion. La saison de la fauchaison est là, et le matériel doit être au point. Ady est accroupi à terre, les mains dans le cambouis jusqu'aux poignets. Il sent une présence, tourne la tête, voit en premier les jambes nues de Marie. Il lève la tête. Elle lui sourit et ses yeux brillent. De son panier, elle sort un paquet de cigarettes et un briquet à essence.

– Tu n'auras plus à courir après les allumettes.

Ady remercie en riant. Elle aime ses dents blanches, son beau regard clair. Il fait comprendre qu'il ne peut pas se servir dans le paquet avec les mains dans un tel état. Alors, après un instant d'hésitation, elle s'accroupit elle aussi, ouvre le paquet, porte une cigarette à sa bouche, l'allume à la flamme du briquet puis, après deux bouffées qu'elle aspire avec volupté, elle la glisse entre les lèvres du garçon. Elle prolonge le geste et, du bout des ongles, comme le ferait une maman attendrie, elle effleure la joue du garçon. Il ne rit plus. Il tire à son tour deux bouffées et, malgré le cambouis, prend la cigarette du bout des doigts et la tend à Marie qui la saisit de nouveau entre ses lèvres. Ils se sourient. Elle rend la cigarette, se redresse et rentre à la maison. La pénombre fraîche lui est agréable. Il fait si chaud dehors...

Assise dans son coin, presque invisible à cause de l'obscurité, sa vieille mère lui décoche un regard d'une dureté inouïe. Marie se contente de soupirer et de hausser les épaules.

Bientôt, on commence à jaser dans Loudun.

– Vous vous rendez compte, s'offusque-t-on, la femme à Besnard ose aller elle-même au bureau de tabac pour acheter des cigarettes pour son Boche !

– Et s'il n'y avait que les cigarettes... La semaine dernière, elle lui a payé une chemise au marché, devant tout le monde... Il paraît même que, tous les deux jours, elle lui rapporte des choux à la crème parce qu'il en raffole !

– Ah çà, il n'est pas malheureux, le beau Fritz, cancane-t-on dans les bistrots de la Grand-Rue. Il paraît qu'il se paie du bon temps avec la Marie et que ce pauvre Léon ne passerait plus sous les portes de ville tant il a le front orné de cornes. Je tiens cela du commis boucher de la grand-place dont le cousin connaît très bien le gars Flambier qui habite trois maisons plus bas que les Besnard, dans le faubourg de Mirebeau. Il est aux premières loges pour voir et entendre des choses. Même qu'il raconte que quand ce n'est pas avec la Besnard qu'il rigole, le Frisé, c'est juste de l'autre côté de la rue, dans le lit de la Pinson ! Oui, mes gaillards, c'est comme je vous le dis, le Léon serait deux fois cocu : une fois par sa légitime et une autre par sa maîtresse ! Ah çà, il a tiré le bon numéro quand il est allé chercher ce freluquet au camp de prisonniers...

Le vin aidant, dans la moiteur des cafés, les plaisanteries les plus scabreuses viennent immanquablement couronner ces racontars. On se pousse du coude quand l'un des buveurs lâche la saillie qui fait fureur.

– Remarquez, le Léon, il n'a pas à se plaindre : il est allé chercher le jeune Boche pour labourer à sa place, eh bien c'est ce qu'il fait !

Cela déchaîne les rires.

Marie feint d'ignorer les commérages. Elle ne les ignore pas, certes, car de bonnes amies se chargent de les lui rapporter, uniquement dans le souci qu'elle n'apprenne pas les méchants bruits d'une bouche moins bien intentionnée, cela va de soi. Marie baisse les yeux, esquisse son sourire de confessionnal et réplique avec onction :

– Ces calomnies ne m'atteignent pas. J'ai le cœur pur. Dieu m'est témoin que je ne fais aucun mal en allant moi-même acheter les cigarettes d'un jeune gars qui pourrait être le fils que, hélas, le Ciel ne m'a pas permis d'avoir.

Elle sait que ces dénégations ne convainquent personne, mais à la vérité elle s'en moque. Elle porte tout au fond d'elle un vrai sens de la provocation, celui-là même qui la faisait se montrer au cirque deux mois après la mort de son premier mari.

Dans ce domaine, le summum est atteint au cours du bel été 1947.

Comme dit la chanson, *« ça s'est passé un dimanche au bord de l'eau »*. Quelques jours plus tôt, Léon, une nouvelle fois, a eu une idée lumineuse.

– N'attendons pas le 15 août pour célébrer l'anniversaire et la fête de Marie. À la mi-août, le temps n'est jamais sûr. Il y a souvent de gros orages sur la Loire. Mais pour dimanche prochain, nous sommes tranquilles. Je propose que nous allions nous cinq, vous la belle-mère, Marie, Louise, Ady et moi, manger une belle friture de Loire à Montsoreau. Avant-guerre, celle du Rendez-Vous des pêcheurs était réputée et elle l'est encore sûrement. Après, nous prendrons nos aises sur la rive. Pendant toute l'Occupation cela nous était interdit, profitons-en et rattrapons le temps perdu. Je vais proposer à mes locataires d'en face, les Trousseau, de se joindre à nous. Le Cheval Blanc est fermé cette semaine. Les patrons et leurs gosses pourront donc venir avec nous et ce brave Trousseau se fera un plaisir d'apporter quelques bonnes bouteilles ! Je paierai la friture de ma poche, attendu que j'ai besoin de l'amadouer en vue de l'augmentation de loyer que je veux lui faire avaler à la Toussaint.

Le projet séduit tout le monde, à commencer par Marie qui aime la vie comme elle ne l'a peut-être jamais aimée. Elle se sent jeune et, parce qu'elle est heureuse, elle se sait belle.

Montsoreau est un aimable site ligérien où Dumas a planté un drame historique. Le Besnard Circus va y donner, lui, une scène de vaudeville à peine imaginable dont le récit fera le tour de Loudun et de tout le canton dès qu'elle y sera connue.

Les pêches de friture d'après-guerre sont miraculeuses, les interdictions de toutes natures et l'absence des hommes retenus prisonniers ayant pendant quatre ans préservé les espèces. Le Rendez-Vous des pêcheurs sert donc les plus beaux goujons et les plus fines ablettes jamais vus. Un délice doré comme l'or que l'on saisit entre deux doigts et qu'on croque d'un coup de dents entre deux gorgées d'un blanc de Saumur franc comme le bonheur. On mange, on boit, on rit. Ady fait merveille tant il se montre agréable et vif.

À la fin des agapes, quand on enfile les tournées d'alcool de poire et que son tour vient de vider son verre cul sec, personne ne se fait prier pour beugler : « Il est des nôtres, il a bu son verre comme les autres... » Et ce n'est pas donné à tout le monde, à l'été 1947, de chanter de tout cœur à un prisonnier de guerre allemand *Il est des nôtres*. Journée magnifique. Repas pantagruélique.

Rabelais restera à jamais le prince de ces rivages et de ces coteaux entre Touraine et Saumurois.

Il faut digérer, profiter du soleil, du miroitement du ciel sur le fleuve. On descend sur la grève et l'on s'abandonne à la douceur de vivre.

Léon, un brin d'herbe aux lèvres, la paupière lourde, regarde couler la Loire.

– Si je savais nager, je ne me ferais pas prier pour aller barboter. Eh, Trousseau, sais-tu nager, toi ?

– Ma foi non.

– Et toi, Ady ?

– Oh que oui ! En Allemagne, je me baignais dans un lac que je traversais d'une rive à l'autre en moins de deux. Vous avez raison, monsieur Besnard, il fait un temps à aller à l'eau. Cela me tente fort et je vous montrerais les nages que je pratique, mais je ne peux tout de même pas me baigner tout nu devant ces dames !

Si ces derniers mots et le spectacle qu'ils évoquent font s'esclaffer les hommes, ils ne suscitent chez les femmes qu'un rire forcé où perce une ombre de trouble.

Quelques instants plus tard, on ne remarque pas que Marie, suivie de Ady, disparaît brièvement derrière une touffe de saules. Lorsqu'elle réapparaît, elle arbore un air de petite fille malicieuse qui s'apprête à jouer un bon tour. Puis Ady surgit du bosquet en poussant de grands cris de gamin. Il court à toutes jambes vers le fleuve et s'y jette sans hésiter. Les autres l'observent, médusés. Les hommes restent muets ; les femmes, à l'exception de Marie, étouffent des « oh ! » étonnés et vaguement épouvantés. Au premier regard, elles ont pu croire que le garçon gambadait nu sur la grève, mais non : il porte un ersatz de maillot de bain un peu ample pour lui, une sorte de caleçon en jersey de couleur mauve.

Lorsque ces dames réalisent qu'il ne peut s'agir que de la petite culotte de Marie, leur étonnement devient stupeur. Louise Pinson et Mme Trousseau échangent des regards horrifiés et réprobateurs, quant à la vieille Davaillaud, dont la vue n'est pas fameuse mais qui a encore suffisamment de malice en tête pour avoir deviné la manœuvre, elle se contente de hocher la tête et de marmonner, lèvres pincées :

– En voilà, des façons... Quand on est capable de donner sa culotte à un homme, je suis bien certaine qu'on est en état de lui offrir aussi ce qu'il y a dedans. Et ce pauvre Léon qui ne bronche pas. Cela se passe sous son nez, et il ne voit rien. Ah, il y a gros à parier que toute cette affaire finira mal. Le Boche, c'est le loup dans la bergerie. Oui, pour sûr, ça tournera au vinaigre avant longtemps !

Dès le lendemain, le geste extravagant de la dévote et sage Marie Besnard alimente toutes les conversations loudunaises. On n'en revient pas. Faut-il qu'elle ait perdu la tête, cette femme mariée de cinquante ans, pour se livrer à de telles excentricités ? Les commentaires se déchaînent dans son dos lorsqu'elle fait ses commissions, se rend au bureau de tabac pour les cigarettes d'Ady ou quand elle fouille sur les étals de fripes au marché.

– Elle doit chercher un slip pour son jeune mâle, glousse une commère. Est-ce que c'est elle qui se charge de l'essayage ?

– Oh, à mon avis, renchérit une autre, pour ce qui est d'essayer ceci ou cela, c'est fait depuis longtemps !

Quant au héros de la natation en Loire, il prend de plus en plus ses aises sous le toit de ses « patrons ». Marie lui passe tout, cède avec empressement au moindre de ses désirs. À table, elle sert les plats qu'il préfère, lui réserve les meilleurs morceaux. À sa vieille mère qui ne se gêne pas pour émettre des réserves, elle objecte :

– Ady est jeune et il travaille dur. Il a besoin de reprendre des forces.

Et l'ancêtre de grommeler dans son dentier :

– Reprendre des forces, ça je veux bien le croire. Mais pour ce qui est de travailler dur, c'est une autre histoire...

Au demeurant, Léon commence à partager l'avis de sa belle-mère. Il n'est plus aussi content de son employé qui se met à tirer au flanc et n'en fait qu'à sa tête.

On l'entend de plus en plus souvent se plaindre de ce qui se passe chez lui.

– C'est le monde à l'envers, grogne-t-il. J'en suis à me demander si je ne suis pas devenu le domestique de mon domestique !

Et lorsque Louise Pinson et son ami Trousseau lui font valoir qu'il ne tient qu'à lui d'y mettre bon ordre, qu'il reste le seul maître sous son toit, il se contente de faire le dos rond et de soupirer :

– Plus facile à dire qu'à faire, hélas.

Parfois, Louise se cabre et livre une parcelle de son souhait le plus cher et le plus secret.

– Ce n'est pas moi qui te ferais endurer ce qu'elle t'impose, ta femme ! Et tu acceptes ? On dirait qu'ils te font peur, elle et ton valet de ferme !

Alors, Léon, toujours aussi soupe au lait, s'emporte :

– Je n'ai peur de rien ni de personne. Quant à toi, mêle-toi donc de ce qui te regarde ! Mais rassure-toi, je ne suis pas disposé à supporter leurs manigances longtemps encore. Dans quelques semaines, une fois les emblaves d'automne terminées, je n'aurai plus autant besoin de bras sur mes terres. Alors j'aviserai. Et on verra qui est le patron.

– Si tu chasses Ady, prophétise Louise Pinson,

Marie ne te le pardonnera pas. Elle fera tout pour t'en empêcher. Tout, tu m'entends.

– Oui, je sais, soupire Léon, rompant une discussion qui le met mal à l'aise.

Ainsi, au-dessus de l'étrange petit monde des Besnard, les nuages commencent à s'amonceler bien avant la fin du bel été 1947.

10

EXIT LÉON

16 octobre 1947 – Ferme des Liboureaux.

Marie et Léon n'ont guère échangé plus de dix paroles depuis leur lever, vers sept heures et demie. Ils doivent quitter les Liboureaux dans la journée pour rentrer à Loudun et, puisqu'ils ont amené Trousseau avec eux, ils repartiront en sa compagnie. Trousseau, l'hôtelier-bistrotier du Cheval blanc, et à ce titre locataire de Léon comme on le sait, est aussi le voisin du couple à la campagne, puisqu'il possède une modeste propriété non loin des Liboureaux. Il n'est donc pas rare qu'il profite de la Fiat 8 CV pour venir là régler des affaires courantes.

Il va être midi. Léon s'affaire dans la cour. Il répare la porte branlante de l'écurie. Depuis le seuil de la maison, Marie l'interpelle.

– J'ai invité Trousseau à manger avec nous.

Rapporte du vin. Il ne reste qu'un fond de bouteille ici, à la cuisine.

– Qu'est-ce qu'on a au menu ?

– De la soupe, des œufs sur le plat, le reste de poulet froid et des haricots.

– C'est gai ! Tu aurais pu trouver mieux !

– Ce n'est pas avec la misère que tu as tirée de ta carne de jument avant-hier qu'on peut s'offrir des festins, mon pauvre vieux ! Si ça ne te plaît pas, tu n'as qu'à aller te nourrir ailleurs. Vu comme ta Pinson cuisine, je doute que tu trouves mieux auprès d'elle. Dès que Trousseau est là, on passe à table. Et on se met en route pour Loudun sitôt qu'on en aura terminé. Je ferai la vaisselle pendant que vous prendrez le café.

Léon continue de planter ses clous.

– On dirait que t'es bien pressée de rentrer et de retrouver ton Boche, soupire-t-il à voix basse, pour lui seul. Y pas à dire, il est grand temps que ça cesse. J'en ai ma claque de cette histoire. On a beau lui avoir pratiqué la totale, il faut encore qu'elle fasse la belle... On lui couperait les deux jambes et on lui crèverait un œil qu'elle minauderait encore.

Un moment après, Trousseau étant arrivé, on se met à table. Léon s'assied à sa place habituelle, dos à la fenêtre. Marie verse la soupe dans les assiettes creuses tout en devisant avec son invité sur un ton aimable, lui demandant s'il a pu faire ce qu'il avait prévu durant ces deux journées.

– Ah, lui annonce-t-elle, nous repartons tout de suite après le déjeuner. Vous n'aurez qu'à repasser chez vous prendre vos affaires pendant que nous fermerons la maison.

Léon mange sa soupe sans parler. Il fait grise mine. Le menu, trop chiche à son goût, ne passe pas.

– Des fayots réchauffés et un bout de poulet, maugrée-t-il. Pourquoi pas une fricassée de cailloux, pendant qu'on y est ? Pour le Boche, on aurait mis les petits plats dans les grands, une fois de plus !

Marie ne relève pas. Le simulacre de repas s'achève dans un silence pesant. Trousseau prend prétexte d'avoir à rassembler quelques bagages pour s'esquiver à peine le café servi. Léon quitte la table à son tour. Il lui semble avoir remarqué qu'un pneu de la Fiat se dégonflait, alors, armé de sa pompe à main, il s'emploie à y remédier. Mais les forces lui manquent bientôt. Une sueur abondante et glacée court sur son visage et sur ses reins. En un rien de temps, il se sent exténué. Pire, le piètre déjeuner lui revient. Il n'a que le temps de se retirer derrière l'appentis et, pris de convulsions abdominales, il vomit.

À quelque distance de là, devant la porte d'une maison du hameau, Trousseau a engagé la conversation avec la cousine de Marie, une Davaillaud. Léon les rejoint. Il est blême, luisant de transpiration ; des cernes marquent ses yeux.

– Je ne me sens pas bien, confie-t-il. J'ai rendu tout ce que j'ai mangé. Et je crois que je vais remettre ça !

– Entre un moment, propose la cousine Davaillaud. Je vais te servir de la cerise à l'eau-de-vie que je fais moi-même. Tu m'en diras des nouvelles. Il n'y a pas mieux pour te requinquer.

– Tu as vomi sous le coup de la contrariété, ajoute Trousseau. Ces deniers temps, depuis chez moi, je t'entends brailler pour un oui ou pour un non après Marie ou le Boche. C'est mauvais pour la digestion. Une bonne cerise à l'eau-de-vie, voilà ce qu'il te faut, c'est vrai. Et moi, je ne dirai pas non si...

Léon refuse et tourne les talons. Il n'a qu'une hâte, monter en voiture et rentrer chez lui, à Loudun. Il conduit lui-même l'auto, bien que cela lui coûte. Il ne cesse de maugréer.

– J'ai la panse en feu et c'est tout juste si j'ai la force de tourner le volant. Quand je pense que, voilà deux jours, je faisais à pied le chemin aller-retour de Tournon-Saint-Martin ! Et en sifflotant, s'il vous plaît !

– Une indigestion, voilà tout, avance Marie.

Léon ricane.

– Avec ce que tu nous as servi ce midi, il ferait beau voir que je me sois gavé au point que ça me reproche et que je vomisse tripes et boyaux !

– Une bonne nuit de repos par là-dessus et tout rentrera dans l'ordre, tente de rassurer Trousseau.

Le mieux que tu aies à faire en arrivant chez toi est de te fourrer directement sous l'édredon.

De retour à son domicile, Léon s'alite. Le soir, bien qu'il n'ait rien absorbé, il vomit de nouveau. Ses forces déclinent rapidement. Le lendemain il n'est plus capable de se lever, mais on veut encore croire que cela passera comme un mauvais embarras intestinal. Toutefois, le jour suivant, aucune amélioration ne se manifeste. Au contraire, l'état du malade se dégrade. Les vomissements bilieux et verdâtres continuent, constate le Dr Gallois, appelé à son chevet dans la journée du 18 octobre. Ces vomissements convulsifs qui se succèdent cinq jours et cinq nuits épuisent le patient. Se sentant impuissant, Gallois demande à son confrère Chauvenet de venir examiner le cas de Léon. Celui-ci, s'appuyant sur une analyse révélant la présence d'urée dans le sang, diagnostique une intoxication urémique fort avancée. Sur cette base médicale, les deux praticiens tombent d'accord : il n'y pas grand-chose à tenter pour sortir le pauvre Léon Besnard de cette impasse fatale.

Dans la journée du 24, ce dernier exprime le souhait de voir une fois encore le couple Trousseau, ses locataires et compagnons d'équipée en bord de Loire, ainsi que leurs enfants. Mais il est très faible. Des spasmes le secouent alors qu'il tente de parler et, au lieu des mots, c'est un caillot nauséabond et brunâtre qui sort de sa bouche et que Marie, réprimant une moue de répugnance, recueille dans un seau hygiénique. Elle emporte aussitôt le récipient hors de la chambre.

Lorsque, quelques minutes plus tard, elle revient au chevet du malade, Louise Pinson et Mme Trousseau lui demandent à voix feutrée si elle a bien pensé à conserver la déjection pour d'éventuels examens. Marie ouvre des yeux étonnés.

– Garder cette horreur ! Mais pourquoi ? Bien sûr que non, je l'ai jetée aux cabinets !

Quelques heures après ces faits, Léon Besnard entre dans un coma agité. Des sœurs gardes-malades se relaient à son chevet. Marie est là en permanence ou presque, passant la main dans les cheveux du mourant et déversant des mots tendres et des larmes mal contenues.

Dans la nuit du 24 au 25 octobre 1947, le mari, pris d'ultimes convulsions, expire dans un râle douloureux. Marie laisse aller ses pleurs et paraît un moment sur le point de défaillir.

Dans une autre pièce, à l'écart, Ady et la vieille Davaillaud sont là, raides et indifférents sur leur chaise. Ils attendent l'issue annoncée. Ils n'échangent ni un mot ni un regard. La mère de Marie n'a guère de réaction lorsque la religieuse apparaît dans la pièce et confie, sobre et explicite : « C'est fini. » Mais la seconde suivante, la vieille femme foudroie Ady des yeux. Le garçon baisse la tête, se lève brusquement et disparaît dans la partie de la maison où il loge. La mère de Marie n'a pas eu besoin de prononcer une parole. Il a compris ce que ses prunelles presque aveugles mais si perçantes dans les accès de haine voulaient dire : « Si tu n'avais jamais mis les pieds dans cette maison, toi, le Boche, lui, Léon, serait encore de ce monde ! »

11

L'HURLUBERLU DE MONTPENSIER

Alors que le convoi funèbre remonte l'allée principale du cimetière de Loudun en direction de la tombe béante qui attend le cercueil de Léon, les commentaires de circonstance circulent parmi les amis et les relations du défunt.

– Tout de même, cinquante-trois ans, c'est encore bien jeune pour mourir.

– Oh vous savez, il n'y a pas d'âge. Moi, mon cousin, il est parti à trente-six ans, en à peine une semaine. Pour Léon non plus, ça n'a pas traîné. Nous autres, on ne savait même pas qu'il était malade, alors...

– Malade, Besnard ? Allons donc. Hier, Trousseau racontait à mon homme, au café, que l'avant-veille même de connaître les premiers signes du mal il était allé à pied je ne sais où vendre une jument. Plus de quinze kilomètres aller et retour.

Est-ce qu'un malade pourrait parcourir un si long chemin ?

Devant la sépulture, tandis que le prêtre dit l'absoute, on fait silence. On scrute le visage de Marie derrière le voile de crêpe et on tente de jauger l'intensité, la sincérité de son chagrin. Elle paraît effondrée. La tête légèrement penchée sur la droite, voûtée, elle suffoque et sanglote tandis que le cercueil de bois verni descend dans le caveau. Un moment, on peut craindre qu'elle perde connaissance ; elle chancelle. Ady, qui se tient à son côté depuis la levée du corps et la longue cérémonie à l'église, la soutient, passant son bras autour de sa taille.

L'officiant indique du geste à la veuve qu'elle doit à présent s'approcher de la fosse pour l'ultime bénédiction. Marie est si anéantie qu'elle peut à peine tenir le goupillon. Soudain, un tressaillement de stupeur parcourt l'assistance. Le souffle suspendu, tous voient Ady refermer sa main sur celle de Marie et guider le geste rituel.

– Quel sacrilège ! s'offusque-t-on à voix basse, la surprise passée. Oser une telle inconvenance sur la tombe de son mari ! Main dans la main avec son Boche, serrés l'un contre l'autre comme au bal... De toute façon, ça ne lui portera pas chance. Quand on manque de respect aux morts, on finit toujours pas le payer un jour !

Légèrement en retrait de la veuve et de son chevalier servant, Louise Pinson, à qui parviennent ces murmures, ne pense point autre chose, elle qui se retient de trop pleurer, de paraître trop touchée par la perte de Léon. Ce à quoi elle assiste, cette intimité provocante entre Ady et Marie, la révolte. Elle, elle se serait conduite tout autrement si elle avait eu le bonheur d'être l'épouse de Léon ! Ah oui, elle aurait été autrement digne de lui !

– Les voix du cimetière ont raison, se persuade-t-elle. La Besnard devra payer un jour ou l'autre.

Le soir, seule dans la petite maison où vivait Lucie, Louise remâche son ressentiment, berce la jalousie haineuse qu'elle n'a jamais cessé de nourrir à l'encontre de Marie, cette « fille de ferme » qui a réussi à se faire épouser par le notable du faubourg de Mirebeau.

– Si je voulais, je pourrais lui nuire, s'échauffe la Pinson. C'est que je sais des choses, moi ! Si je me mets à parler, il faudra bien qu'elle baisse pavillon, la veuve cousue d'or. Mais c'est trop lourd pour moi, je devrais en causer à quelqu'un. Une personne qui sache y faire, qui ait une instruction solide et qui connaisse assez de monde pour frapper à la bonne porte...

Elle réfléchit, passe en revue les gens qu'elle a rencontrés ces dernières années, en ville ou devant son guichet à la poste. Soudain, l'éclair jaillit : Auguste Leclerc, voilà l'homme qu'il lui faut !

Voilà l'esprit lumineux, voilà le beau parleur, le maître ès intrigues qui convient. N'est-il pas ingénieur ou quelque chose comme cela ? N'a-t-il pas commandé toute une population indigène, là-bas, aux colonies, où il a servi des années ? Quand il racontait ses hauts faits à la poste en venant toucher sa pension, elle serait restée des heures à l'écouter, béate, subjuguée, Louise. Et puis il possède un château, celui de Montpensier. Un châtelain, se convainc la Pinson, c'est un peu comme le seigneur d'autrefois, il connaît les lois et peut tout ou presque.

Sa décision est arrêtée. Dès le lendemain, elle enfourchera sa bicyclette et se rendra à Montpensier.

– Passe une bonne nuit, Marie, songe-t-elle ce soir-là en se mettant au lit. Celles qui sont à venir risquent d'être moins sereines...

Chez Marie aussi le ressentiment si longtemps masqué qu'elle nourrit à l'encontre de sa rivale a fait son œuvre. Le lendemain même, elle donne un tour nouveau à ses relations avec sa « grande amie ».

– Ma mère, Ady et moi n'avons besoin de personne, répond-elle à Louise qui, avant son départ pour Montpensier, vient proposer son aide en ces premiers jours de deuil, si pénibles et où il y a tant à faire. Nous saurons nous débrouiller seuls.

Nous préférons rester entre nous, en famille. Retournez chez vous, Louise... D'ailleurs je ne sais même pas encore si je vais pouvoir continuer à vous loger. Il faut que je voie cette question avec maître Demeule. Vous ne payez pas assez cher de loyer. Cela ne peut plus durer. Et puis maintenant que *mon* Léon est parti, plus rien n'est comme avant, n'est-ce pas, ma bonne Louise ?

La vieille Davaillaud, assise dans son coin près de la cuisinière, ricane. Elle jubile. Elle n'a jamais aimé la Pinson. Elle n'aime pas plus Ady, d'ailleurs, et puisque Marie paraît vouloir mettre de l'ordre dans la maison comme dans sa vie, elle ne se prive pas de le lui faire savoir :

– Bravo, ma fille. Oui, dehors la Pinson ! Et lui, le Boche, quand te décideras-tu à le flanquer à la porte ? Tu l'as dit toi-même : avec la mort de Léon, plus rien n'est pareil.

– Ne t'occupe pas de cela, maman ! Ce sont mes affaires. Chaque chose en son temps. Tu as vu la tête qu'elle a faite, la Pinson, quand je ne lui ai pas laissé franchir le seuil de la maison ? J'ai cru qu'elle allait nous faire une syncope. Elle a détalé comme un lapin en pleurnichant et en me traitant de tous les noms ! Oui, maman, je la mets dehors, la Louise. Je la congédie comme une domestique.

– Et le domestique, le vrai, qu'est-ce que tu en fais ?

Marie ne répond pas. Sa mère pourrait-elle

comprendre qu'elle ne supporte pas qu'on parle d'Ady comme d'un valet ? Comment expliquer ces choses-là ? Alors elle lâche les mots tels qu'ils lui viennent :

– Ady est un peu le fils que je n'ai pas eu !

– Ah oui, se gausse la vieille. Comme un fils ? Alors dis-lui de partir d'ici. Un fils un jour ou l'autre doit quitter le giron et les jupons de sa mère. Il est grand temps... Et quand je dis « jupons », j'espère que tu comprends ce que je cherche à te faire entendre, ma fille !

Marie hausse les épaules.

– Je crois que tu deviens gâteuse. Allons, va dans ta chambre à présent, et repose-toi. Moi je vais faire le tri dans les affaires et les habits de mon Léon. Est-ce que tu penses que c'est agréable de devoir remuer les choses qu'il touchait tous les jours, de sentir son odeur dans ses vêtements ? Au lieu de m'accabler en chœur avec la Pinson et tant d'autres, tu ferais mieux de me soutenir !

Mais la vieille Davaillaud n'en démord pas. Elle plante son regard le plus dur dans celui de sa fille et crache, haineuse :

– Le Boche, tu le chasses quand ?

– Prends garde à ce que ce ne soit pas de toi que je me débarrasse en premier. Il y a des hospices et des maisons de retraite pour des gens comme toi. N'oublie pas cela, ma bonne maman ! Ne l'oublie surtout pas ! Quant à me dicter ce que j'ai à faire, même Léon y avait renoncé. Alors ce n'est pas toi qui vas y parvenir. Compris ?

L'accueil glacial reçu chez Marie ne peut que stimuler les ardeurs vengeresses de Louise Pinson. Elle pédale si fort pour se rendre chez Auguste Leclerc !

À quelque distance des grilles de Montpensier, elle fait halte pour reprendre son souffle et se recoiffer, puis elle pénètre dans la propriété. Le château qu'elle a devant elle ne correspond pas vraiment à l'idée qu'elle s'en faisait. La construction ne manque pas de caractère, certes, mais l'ensemble menace ruine et on voit bien que les abords sont plus ou moins laissés à l'abandon. Dans les éloquentes envolées du propriétaire des lieux, au bureau de poste, tout était différent, néanmoins Louise reste déterminée. Elle ne peut garder plus longtemps pour elle seule ce qu'elle a sur le cœur. Et sur la conscience.

Auguste Leclerc, qui l'a vue arriver, sort à sa rencontre. L'impression est la même que pour le château. Quand il venait à la poste il faisait un effort vestimentaire, au moins se présentait-il « propre sur lui ». Là, il porte un chandail sur lequel un œil exercé pourrait reconstituer le menu de ses douze ou quinze derniers repas. Tout en bedaine, le teint rouge, l'œil un peu fou, la coiffure filasse en rupture de peigne depuis des lustres, la main molle, les ongles mal taillés et douteux, celui qu'on appelle aussi dans les environs « Monsieur Auguste » – une sorte de compromis entre la déférence due au châtelain et la dérision attachée au pitre de cirque – réussit toutefois en quelques grandes phrases à sauver les apparences.

– Ma chère, ne regardez pas ce que vous voyez, regardez plutôt ce que vos yeux ne vous montrent pas, ainsi disent les Écritures. Ici, ce que le commun appelle la vie de château n'a pas cours. Seule compte la vie de l'esprit. M'annonçant votre visite au téléphone ce matin, vous m'avez confié que vous ne pouviez rien me dire. J'ai compris que vous ne vouliez pas parler via un appareil. Vous avez raison. Les opératrices des standards sont toutes des espionnes à la solde de qui vous savez... Ah non, vous ne voyez pas ? Alors changeons la formulation. Disons qu'elles sont à la solde de qui vous ne savez pas. Moi-même, aux colonies où, pour faire simple, j'avais quasiment rang de roi, je me méfiais de ces oreilles appointées. Mais venez donc, entrez ! Je vais vous faire goûter une liqueur que je confectionne moi-même selon une recette que j'ai mise au point la semaine dernière à force d'études dans les encyclopédies de plantes médicinales. Chut, ma chère Louise, je peux vous appeler Louise, n'est-ce pas ? Chut, ne le répétez pas, personne n'est au courant alentour : je dispose de savoirs singuliers. Peut-être même de pouvoirs, mais de cela je ne suis pas encore bien certain.

La pièce dans laquelle Louise est invitée à pénétrer a pu être dans des temps reculés un honnête salon. À ce moment-là, cela tient du dépotoir, de la caverne d'Ali Baba, de l'échoppe de brocanteur et du laboratoire d'un savant fou.

D'un revers de main, l'hôte libère un fauteuil défoncé de la pile de vieux papiers qui l'encombrait et fouette l'air des deux bras pour chasser le nuage de poussière qu'il vient de soulever.

– Voyez aux murs, ma chère Louise, ces trophées de chasse. Ce sont des fauves et des gazelles que j'ai tués moi-même. Je crois avoir été le meilleur fusil du continent noir durant des années. Mais on se lasse de tout. Aujourd'hui, seules les joies de l'esprit m'intéressent. La déduction, l'analyse, la recherche de ce qui se cache derrière les apparences... Et surtout de ce qu'on nous cache, ma chère amie. Bien que vous ne m'ayez rien précisé au téléphone, j'ai deviné à travers vos propos que vous souhaitiez me rencontrer pour une affaire touchant à cela, je veux dire au mystère, à ce que certains prétendent pouvoir nous dissimuler. Est-ce que je me trompe ?

– Oh, non ! Vous ne vous trompez pas, monsieur Leclerc, confesse Louise, impressionnée par la puissance divinatrice de son interlocuteur. Je suis surprise que vous ayez compris cela, car je n'ai rien laissé supposer de tel.

– Les ondes, Louise ! Les ondes que vous émettiez en me parlant me disaient ce qu'il en est.

– Eh bien elles ne vous ont pas trompé, monsieur Leclerc.

– Appelez-moi Auguste, je vous en prie...

– Il s'agit, en effet, de secrets jusqu'alors bien tenus. Des secrets terribles, je vous assure. Je ne suis pas femme à me lancer à la légère dans de telles affaires, mais là c'est trop grave... Pouvez-vous me donner votre parole que ce que je vais vous dire ne sortira pas d'ici ?

– Vous l'avez.

Louise se rend compte qu'elle vient de proférer une stupidité. Son souhait le plus cher, au contraire, est que M. Auguste tire le meilleur profit de ses confidences. Aussi s'empresse-t-elle de tempérer son injonction.

– Ou plutôt non, Auguste. Je vous laisse seul juge pour décider de la suite à donner aux révélations que je vous fais !

– Vous m'intriguez. Parlez, je vous écoute, encourage le hobereau en se servant un autre petit verre de cette liqueur toute nouvelle que Louise Pinson a refusée. Délivrez-vous de votre fardeau et j'aviserai en conséquence. Vous l'ai-je dit ? Là-bas, aux colonies, je décidais de tout pour tout le monde ! Alors la prise de responsabilité, ça me connaît, vous comprenez... Non, vraiment, toujours pas tentée par mon élixir ?

– Vous connaissiez bien sûr Léon Besnard,

lance la Pinson, les mains crispées sur l'accoudoir de son siège.

– Oui, je connais les Besnard. Je n'ai pas de mauvaises relations avec eux. Un temps j'ai cru qu'ils lorgnaient sur cette propriété, mais c'était faux. On a tellement raconté ces dernières années qu'ils avaient les poches remplies et qu'ils rachetaient à tour de bras ! Il est parti vite, ce pauvre Léon. On est peu de chose...

Auguste vide son petit verre, s'en sert un autre et, comme si une inspiration soudaine le visitait, il lâche :

– Ne me dites pas, Louise, que c'est à propos du décès de Léon Besnard que vous êtes venue me voir ?

– Si, fait Louise sur un ton navré.

– Bon sang, jubile Auguste, je n'en suis pas plus étonné que cela. Cette affaire ne me dit rien de bon depuis le début. On m'a rapporté qu'il est revenu mal en point de leur ferme des Liboureaux, et qu'il s'est mis au lit sans jamais pouvoir se relever.

– C'est exactement cela, enchaîne Louise. Il n'a même pas été malade une semaine entière. Il est parti, comme ça, en un rien de temps !

– Pourtant, objecte le châtelain, je me suis laissé dire que deux médecins au moins ont été appelés à son chevet et qu'ils ont conclu à une mort naturelle. Une poussée de je ne sais trop quoi...

– D'urée, précise la Pinson.

Entendant ce mot, Auguste bondit de son fauteuil et toute sa molle personne se met à s'agiter sous le coup de l'excitation. Son teint devient encore plus rouge et ses gros yeux lancent des éclairs d'intense exaltation.

– Ainsi il aurait succombé à une crise d'urémie quasi foudroyante, raisonne-t-il à haute voix en se précipitant vers un monceau de livres entassés sur une vieille commode bancale. Et il ne cessait de vomir, m'a-t-on raconté...

– En effet. Pourtant, il n'avait plus rien dans le corps depuis le premier soir, et malgré cela il continuait de rendre. Mais ce n'était plus guère qu'un horrible mélange de bile et de sang.

– De la bile et du sang, dites-vous ? Ah çà, mais où ai-je fourré mon encyclopédie médicale ? Je me souviens avoir lu là-dedans des symptômes comme ceux que vous me décrivez... Ah, la voici !

– Il y a autre chose, ajoute Louise Pinson sur le ton et avec cet air que l'on affecte pour indiquer que ce qui va être dit dans l'instant dépasse tout.

– Je vous écoute pendant que je cherche les bonnes pages. Ah, voilà : urémie... vomissements... intoxication...

– Pendant que Léon était alité, je me suis trouvée un moment seule avec lui. Pourtant ce n'était pas facile car on aurait dit que Marie faisait tout pour rester là quand quelqu'un se tenait à son chevet, mais là elle raccompagnait les docteurs après leur visite. Léon a vomi encore puis, me prenant le bras, il m'a confié, les yeux pleins de colère et de larmes :

» – Oh là, qu'est-ce qu'on m'a donc fait absorber ?

» – Qui ? Le Boche ? ai-je demandé.

» – Non, non, pas lui. C'est Marie, a-t-il répondu. Oui, aux Liboureaux, le dernier déjeuner, avec Trousseau. Quand elle a versé la soupe dans mon assiette, j'ai vu qu'il y avait déjà un peu de liquide dans le fond. Je n'y pas ai prêté attention, j'ai mangé la soupe et le reste du repas, et presque aussitôt après être sorti de table j'ai tout vomi. Depuis, je suis malade comme une bête qui va crever.

» – C'était peut-être de l'eau pour refroidir le potage, ai-je avancé.

» Léon n'avait plus la force de prononcer un seul mot mais il m'a fait non de la tête à plusieurs reprises. Puis, exténué, il a fermé les yeux. Deux jours plus tard, il mourait.

– Vous en avez parlé à quelqu'un ?

– Oui, à mademoiselle Michaud, une employée de la poste qui est de bon conseil. Je lui ai demandé son avis et elle a été d'accord avec moi pour que j'aille rapporter aux médecins ce que Léon m'avait révélé. Ils m'ont à peine écoutée. Pour eux, le malade délirait. Alors je n'ai pas insisté.

Auguste, triomphant, pointe l'index sur une page de la lourde encyclopédie.

– Je vous passe les détails scientifiques, ma bonne Louise, mais ce que je lis ici est accablant : les symptômes que vous me décrivez et ceux de l'urémie sont forts semblables à ceux constatés dans le cas de... Tenez-vous bien, ma chère !... Dans le cas d'empoissonnement à l'arsenic !

– Oh Mon Dieu ! s'exclame la visiteuse en se signant. C'est donc ça...

– Oui, tranche Auguste, bombant le ventre, redressant la tête et prenant un ton sentencieux, vous m'avez bien entendu et nous pouvons affirmer sans grand risque de nous voir démentis que la femme Besnard a assassiné son époux au moyen d'un poison terrible dénommé arsenic. Cela acquis, il ne nous reste plus, chère amie, qu'à voir où est notre devoir.

– Pour ça, monsieur Auguste, je m'en remets entièrement à vous, se défausse Louise. Ces choses me dépassent, comprenez-vous ? C'est à vous de voir. Je me conformerai à ce que vous aurez décidé.

L'érudit pansu ferme d'un geste sec le gros livre, projetant un épais voile de poussière, ce qui évidemment déclenche chez le bonhomme une soudaine soif. Il se sert aussitôt un autre verre de sa mixture et, le ventre en avant, le regard perdu dans le lointain, il savoure tout autant la liqueur que la finesse de ses déductions.

– C'est bien, Louise, conclut-il. Je vais réfléchir un jour ou deux et je vous communiquerai le parti que je compte prendre. Eh, c'est qu'il faut du doigté, de la méthode et de la science, dans une histoire comme celle-ci ! En attendant, je compte sur vous : pas un mot à quiconque.

– Pensez donc ! assure la Pinson qui a pourtant l'intention de rendre visite à Mme Trousseau dès son retour en ville...

Mais elle sait tenir sa langue, Mme Trousseau, ce n'est donc pas comme si on se mettait à crier la chose sur les toits. Elle ira donc, n'en déplaise au châtelain. On n'est tout de même plus à l'époque des seigneurs qui dictaient leur conduite à tous et à chacun !

Quant à Auguste, bien qu'il prétende se donner le temps de la réflexion, sa conduite est toute tracée. Il agira en citoyen responsable et dès le lendemain matin, avant les premiers verres de liqueur, il écrira avec soin une lettre circonstanciée adressée à « Monsieur le procureur de la République » en personne.

Mme Trousseau écoute le récit de Louise Pinson bouche bée, les yeux comme des soucoupes. Ce ne sont que : « Oh, est-ce possible ? Vous êtes sûre ? Ah, le pauvre Léon ! Dans sa soupe... Oui, aux Liboureaux. Dans son assiette ! »

Quand Louise, toute fière du rôle considérable qui est désormais le sien, met fin à son récit, laissant une Mme Trousseau à la fois atterrée et émoustillée comme une puce. Un drame pareil, un crime, avec du poison dans le potage, commis par des gens si proches, qui vivent là à sa porte ! Et quand on dit qu'il ne se passe jamais rien à Loudun !

– Évidemment, pas un mot à quiconque, exige Louise en prenant congé.

– Pensez donc, c'est bien trop grave, assure Mme Trousseau alors que, à la seconde même, elle se murmure : « Quand je vais avoir raconté ça à Mme Lampin, la boulangère, tout à l'heure et à mon homme ce soir au lit, ils n'en reviendront pas eux non plus. La Marie, empoisonner Léon, *son* Léon ! On a beau dire, on ne sait jamais à côté de qui on vit ! »

– Discrétion absolue, madame Trousseau, je compte sur vous ?

– Juré craché...

Louise n'a pas loin à aller pour arriver chez elle. Cela ne vaut même pas la peine d'enfourcher le vélo. À sa porte est accroché un billet : « Passez me voir. J'ai à vous parler. » Signé Marie.

Louise ne se montre pas surprise outre mesure. Le système du billet à la porte n'est pas exceptionnel. Il y en a eu beaucoup avant celui-ci, du genre : « Louise, si vous allez en ville aujourd'hui, venez me voir avant. J'ai une course à vous confier. » Ou encore : « Demain je fais la grande lessive, vous me donnez un coup de main ? »

Cette fois, la lessive est d'une autre nature. Marie fait place nette. Sa locataire et ex-« grande amie » n'est même pas invitée à s'asseoir et la vieille Trousseau ricane dans son coin.

– Je n'ai pas de bonnes nouvelles pour vous, ma pauvre Louise, attaque Marie. La maison de Lucie, enfin celle que vous occupez, je l'ai vendue. Oui, vous m'avez parfaitement entendue. Je l'ai cédée. Et le nouveau propriétaire souhaite pouvoir entrer en jouissance du lieu dès le mois prochain. Autrement dit, vous avez jusqu'à la fin de cette quinzaine pour vous trouver autre chose... Il me semble que vous avez de la famille quelque part par là, une fille, non ?

– Oui, mais...

– Voyez avec elle. Vous nous avez tellement parlé en bien de cette personne que vous devriez être heureuse d'avoir enfin l'occasion de la rejoindre. Quoi qu'il en soit, ici, pour vous, c'est fini. Voilà. Bonne soirée, Louise.

– Bonne soirée, Marie. Si vous saviez...

– Si je savais quoi ? rétorque Marie, glaciale.

– Rien, rien. Vous l'apprendrez assez vite.

Louise rentre dans ce qui n'est déjà plus son chez-soi. Son regard se porte sur la cage d'escalier où, six ans plus tôt, on a trouvé Lucie pendue.

– Après tout, qu'est-ce qu'il adviendrait de moi si je restais ici ? Avec ce que je sais, il se pourrait qu'on me fasse avaler à moi aussi le bouillon d'onze heures. Soit, je file. Mais elle ne s'en sortira pas comme ça, la Marie ! Oh que non ! J'en fais le serment sur la tombe de ce pauvre Léon.

Deux jours plus tard, l'expulsée voit arriver deux gendarmes à bicyclette. Lorsqu'ils s'arrêtent devant le portail du petit jardin et que l'un d'entre eux tire la sonnette, son sang se glace.

– Qu'est-ce qu'ils me veulent ? s'affole-t-elle. Ils ne viennent pas déjà me mettre à la rue, tout de même !

Elle sort à leur rencontre et, depuis le pas de sa porte, elle ne peut s'empêcher de lancer un regard inquiet en direction de la demeure de Marie. Le brigadier devine sa pensée.

– Elle n'est pas là, soyez sans crainte. Vous pouvez nous parler en toute tranquillité. Nous l'avons croisée en sortant de la gendarmerie. Elle est partie en auto avec l'Allemand. C'est lui qui conduit la Fiat, à présent ?

– Oui, et pas que la Fiat. Il mène tout et tout le monde à sa guise dans cette maison. Moi, je préfère m'en aller d'ici. Dieu sait comment tout cela va finir !

Le gendarme se lisse la moustache pour dissimuler un léger sourire. Comme tout le monde ou presque à Loudun, il sait bien que la Pinson ne s'en va pas de son plein gré ainsi qu'elle le prétend, mais que Marie la chasse.

– On peut entrer ? Nous serons mieux à l'intérieur pour causer.

Louise accepte sans enthousiasme. Les gendarmes chez elle, cela ne lui plaît guère. Que vont dire les voisins ? Il se trouve toujours quelqu'un derrière un rideau pour voir ce qu'il ne faut pas.

Elle se résigne et les fait entrer, propose mollement deux chaises. Le brigadier s'installe devant la table sur laquelle il pose son képi. De sa sacoche, il sort une liasse de papiers tapés à la machine, frappés de marques de tampon. L'ancienne postière se crispe. S'il y a des tampons, c'est du sérieux. De l'officiel, comme on dit. L'autre gendarme, plus jeune, couvre-chef à la main, reste debout et, admiratif, regarde faire son supérieur.

– Voilà ce qui nous amène, madame Pinson, commence ce dernier avec solennité. Monsieur le procureur de la République nous missionne subséquemment à une missive qu'il a reçue émanant du sieur Leclerc Auguste, demeurant...

Louise blêmit. Elle se laisse tomber sur une chaise, les mains agitées, le cœur battant. « Mon Dieu, panique-t-elle, il n'a tout de même pas osé aller jusque-là ! Il m'avait dit qu'il réfléchirait et qu'il me tiendrait au courant... »

Pourtant, lorsque le pandore en a terminé avec l'exposé des motifs de sa visite, plus aucun doute n'est permis : M. Auguste a recraché mot pour mot au procureur les propos de sa visiteuse. Terrifiée, celle-ci ne sait quoi répondre. Elle garde les yeux baissés sur ses mains jointes et fébriles. Après un silence sans doute destiné à impressionner le témoin, le brigadier reprend :

– Bref, madame Pinson, ce que le susnommé vous fait dire dans ses écritures établit une suspicion de meurtre par empoisonnement. C'est grave, très grave. Maintenez-vous ces accusations ? Réfléchissez avant de répondre. L'assassinat, c'est la guillotine... Mais les accusations fantaisistes, c'est la prison et de très lourdes amendes. Je vous écoute.

Louise se mord les lèvres, se maltraite les mains, s'agite sur sa chaise et, brusquement, alors qu'elle paraît au bord des larmes, elle s'écrie :

– Mais M. Auguste a perdu la tête ! Il a tourné fou, ou quoi ? Qu'est-ce qu'il lui prend ? Je n'ai jamais rien dit de pareil. Je ne me souviens même pas avoir parlé des Besnard avec lui.

– Vous ne niez pas lui avoir rendu visite chez lui, à Montpensier, voilà deux jours ?

Un instant désarçonnée, l'interrogée se reprend.

– Oui, oui, je suis allée là-bas... Heu, comme j'avais décidé de quitter cette maison, je voulais savoir s'il n'y avait pas un logement disponible dans les dépendances du château ou aux alentours.

Je m'imaginais Montpensier plus... comment dire... plus grand. Et plus reluisant. Mais à aucun moment je n'ai tenu les propos qu'on me prête. Ce monsieur est resté trop longtemps aux colonies et les grosses chaleurs lui sont montées à la tête, sans doute. Et puis, tous ces petits verres d'une liqueur qu'il fabrique lui-même, je me demande aussi si ça ne finit pas par le tourneboulér !

Le brigadier semble soulagé. Ses supérieurs vont être satisfaits. Ils n'accordaient qu'un très faible crédit au contenu de la lettre et cette histoire les embarrassait. Il range son dossier, ferme sa sacoche, ramasse son képi sur la table et prend congé.

– Ne vous faites pas de souci, madame Pinson, confie-t-il. Croyez-en mon flair de gendarme : l'affaire en restera là et personne n'en entendra plus jamais parler. Jamais !

Il sort, son acolyte sur les talons.

– Interrogatoire rondement mené, chef, s'extasie celui-ci.

– L'expérience, Dupuis... L'expérience et la connaissance du caractère humain. Moi, au premier coup d'œil j'ai compris que cette brave femme n'a rien à voir là-dedans. Vous la voyez, mon petit Dupuis, tenir de tels propos de soupe et de poison ?

– Sûr que non, chef. Vous avez raison, ça se voit au premier coup d'œil, ces choses-là.

12

LE POISON DE LA RUMEUR

Le dimanche suivant, à la grand-messe, alors qu'elle s'approche de la table de communion pour recevoir l'eucharistie, Marie entend une voix murmurer tout près d'elle dans son dos.

– Madame Besnard, c'est moi, madame Landais. Il faut que je vous parle. Je vous attends à la sortie de l'église, sur la place, près du grand marronnier. C'est très important.

Marie a ses habitudes. Elle commence par aller à la pâtisserie acheter des choux à la crème pour Ady. Elle prend aussi une tarte aux cerises pour sa vieille mère qui n'a plus d'appétit que pour le sucré, comme les enfants, et une religieuse pour elle-même. Puis elle rejoint Solange Landais sous le marronnier.

Celle-ci n'y va pas par quatre chemins. Dès les premiers mots, Marie comprend qu'elle a préparé chaque phrase.

– Je tiens à ce que vous l'appreniez d'une bouche amie et non par la rumeur publique. Tant pis si vous m'en voulez après. En bonne chrétienne, je me dois d'aller au bout de mon devoir. Voilà : sachez que le bruit court que vous auriez fait avaler du poison à votre mari et que, peut-être, il en serait mort.

Marie hoche la tête. Son informatrice se montre un peu déçue. Elle s'attendait à une réaction plus marquée, plus horrifiée. Face à la terrible accusation la veuve n'exprime rien d'autre que la résignation lasse et stoïque de ceux qui ont subi bien d'autres mauvais coups.

– Depuis un jour ou deux, on me regarde bizarrement en ville, soupire Marie. Maintenant je comprends mieux pourquoi. Que voulez-vous que je vous dise, madame Landais ? Laissons faire. Quand ils seront lassés de raconter des inepties, ils s'arrêteront et passeront à autre chose. Les mouches de la calomnie changeront d'âne et allez savoir si ce n'est pas sur vous qu'ils feront courir des bruits ?

– Sur moi ? Mais vous n'y pensez pas ? Je n'ai rien à me reprocher, moi !

Le sourire de Marie devient narquois.

– Ah parce que moi j'aurais quelque chose à me reprocher ? C'est bien cela, hein ? Vous voyez, même vous, vous mordez à l'hameçon. Vous avez beau vous dire que ce que vous avez entendu ne tient pas debout, le poison de la rumeur est là, en vous, qui s'insinue. Non, je ne vous en veux pas, madame Landais. Mieux encore, je vous suis reconnaissante de m'avoir informée. Comme on dit : un homme averti en vaut deux. Grâce à vous, je serai davantage en mesure de me défendre si besoin est !

– Il faut aussi que vous sachiez d'où cela vient...

– Je vous écoute...

– Ce serait Louise Pinson qui serait allée raconter des choses à M. Auguste qui, lui-même, aurait écrit en haut lieu. Du moins c'est ce qui se dit.

– De la part de la Pinson, cela ne me surprend qu'à moitié. Mais je ne vois pas ce qui peut pousser votre M. Auguste à me nuire. Nous n'avons jamais eu le moindre différend. Il est un peu original, évidemment, mais de là à se livrer à ces stupidités. Enfin, plus rien ne m'étonne depuis belle lurette, allez !

– Heu, il y a autre chose, insiste Mme Landais. On raconte aussi que vous et le jeune Allemand, eh bien...

Cette fois Marie réagit avec fermeté. Elle interrompt net la conversation.

– Je sais les saletés qu'on déverse à ce sujet, madame. Je n'en entendrai pas davantage. Bonne journée !

Le dimanche après-midi, pour aller au café boire le billet que Marie ne manque pas de lui remettre chaque semaine comme de l'argent de poche à un grand fils, Ady revêt une veste de belle qualité telle qu'on n'en voit guère porter par des domestiques. On remarque tout de suite que le vêtement n'a pas été taillé pour lui, légèrement étriqué aux épaules et trop large à hauteur du ventre. La raison en est que le veston appartenait à Léon, l'un des derniers qu'il ait acquis, et sans doute le plus cher. Marie ne s'est pas résignée à le jeter, alors elle l'a passé à Ady.

Au bistrot et dans tout le faubourg de Mirebeau, on jase.

– Le voilà qui se glisse dans les habits du mort... Si c'est pas honteux ! crache le patron. J'en ai la nausée.

– Il n'y a pas que dans ses habits, qu'il se glisse. Dans son lit aussi, renchérit un assidu des commérages de comptoir. Et même que ça a commencé bien avant que ce pauvre Léon souffle son gaz !

– Sûr, ça a commencé bien avant ! reprend un troisième. Dès l'arrivée du Boche ou quasiment. Mon cousin Garnier, couvreur de son état, a eu à travailler sur une toiture pas loin d'ici dans les premiers jours de juillet, et de là-haut il a surpris la Besnard et son Boche dans l'entrée de l'écurie. Elle lui glissait entre les lèvres une cigarette qu'elle venait d'allumer et lui, il lui pelotait les seins... Sûr qu'elle en a une belle paire, la Besnard !

Un quatrième larron, qui se trouve être le locataire d'une des six maisons que les Besnard possèdent désormais dans les parages, se penche par-dessus le bar, ravi de trouver des oreilles si réceptives.

– L'autre soir, je me suis pointé chez elle pour payer mon loyer, et vous savez ce que j'ai vu ? Je vous le donne en mille... Ils venaient de passer à table. Rien que Marie et Ady. La vieille, elle mange dans sa chambre et c'est mieux pour elle, car ce que j'ai vu, elle ne l'encaisserait pas. Le Boche, eh bien il était assis à la place qui était celle de Léon. Oui, parfaitement. En maître de maison, en patron. J'ai été tellement écœuré que j'ai annoncé à Marie que j'irai désormais acquitter mon terme chez le notaire et je ne franchirai plus le pas de sa porte.

Légèrement grisés, les clients éclatent de rire. La version qui court le faubourg est toute différente et les éclats de voix de Marie ont été entendus assez loin pour qu'elle ne puisse être mise en doute. En fait, le locataire, sous le couvert de venir payer son loyer, a tenté de serrer la pulpeuse veuve de beaucoup trop près et il lui a fait à l'oreille des propositions pour le moins malhonnêtes. Elle l'a pourchassé jusque dans la cour en poussant les hauts cris, lui intimant de payer dorénavant chez le notaire et de ne plus jamais venir frapper à sa porte.

– Remets-nous une tournée quand même,

finaude un client. Nous ce qu'on en dit c'est pour causer, mais c'est sûrement toi qui dis vrai.

À cet instant, la porte du café s'ouvre. Entre Ady qui, de toute évidence, n'en est pas à son premier verre. Il porte la veste sacrilège. Il se laisse tomber assis sur le banc de bois, au fond de la salle. Les gars accoudés au comptoir, après l'avoir regardé entrer, se détournent ostensiblement. Le tenancier fait comme si le jeune homme n'existait pas. Avec une œillade appuyée il lâche aux autres, à mi-voix :

– Je suis ici chez moi et je sers qui je veux.

Puis haussant le ton et s'adressant à Ady :

– Eh ! Pour toi, l'Allemand, c'est « jour sans ». Pas d'alcool, pas de pinard. Rien. Ceinture, comme au temps de l'Occupation et des restrictions. Les jours sans alcool et les jours avec. Eh bien, ici, c'est « jour sans ». Et ce sera « jour sans » tous les jours pour ta petite gueule si je le veux !

Les autres rient aux éclats. Le cabaretier, tout content de lui, verse à boire. Aussi, les autres rient de plus belle. Ady reste silencieux. Il est assez soûl. Mais il est encore plus triste que soûl. Il se lève pesamment, s'apprête à sortir. Le bistrotier le hèle.

– Hep, le Frisé ! Qu'est-ce que tu crois ? Qu'on peut entrer ici pour se chauffer sans rien débourser ? J'ai dit qu'on était un « jour sans », ça ne veux pas dire jour sans recette...

Les rires redoublent.

– Un pineau. Dans un grand verre, commande Ady d'une voix pâteuse.

– Bon, admettons que le jour « sans » soit levé depuis trente secondes. J'accepte de te servir. Même que le pineau, je vais te le tasser dans une chope à bière. Pour te rappeler l'Allemagne. Tu y retournes quand, dans ton pays, à propos ? Allez, avale ça et si après tu ne tombes pas raide par terre, c'est que tu es encore assez costaud ce soir pour arranger la B... Non, pas besoin de donner de nom. Je me comprends. Et toi aussi, tu me comprends.

Ady boit deux ou trois gorgées puis, brusquement, jette le demi de pineau à terre, renverse la table, traverse la pièce en titubant et se rue à l'extérieur sous les exclamations et les quolibets.

Le garçon n'a pas grande distance à parcourir pour rentrer chez Marie. Il pousse si maladroitement la porte qu'il manque de s'écrouler. La vieille Davaillaud pousse un cri de chouette surprise dans son antre.

Le premier réflexe de Marie, qui est en train de cuisiner, est de se débarrasser de son vieux tablier de cuisinière. Elle n'aime pas se sentir à son désavantage en présence du jeune homme. Lorsqu'elle réalise qu'il est ivre, elle ne peut réprimer un mouvement de recul.

– Mon Dieu, dans quel état te voilà, mon pauvre garçon !

Ady se dandine d'un pied sur l'autre. La pièce

danse devant lui et Marie n'est qu'une silhouette floue.

– Je ne suis pas ton pauvre garçon, bégaie-t-il. Tout ça c'est fini.

– Voilà qu'il te tutoie, à présent ! s'épouvante l'aïeule. On aura tout vu et tout entendu, dans cette maison !

– Maman, je t'en supplie, ne te mêle pas de ça. Tu vois bien qu'il n'a pas sa tête à lui.

Ady lance un rire forcé.

– Oh que si, j'ai ma tête. Je ne l'ai même jamais eue aussi solide sur les épaules. J'en ai assez. Assez, tu m'entends. Et toi, la vieille, est-ce que tu m'entends aussi ? Assez, assez de tout ça. Il faut que ça cesse. Est-ce que tu sais seulement ce qu'ils racontent sur toi et sur moi, en ville ?

– Calme-toi, Ady, s'il te plaît, tente Marie. Maman a raison, tu ne devrais pas me tutoyer, voyons !

Ady s'esclaffe de plus belle.

– Soit, comme vous voudrez, madame Besnard. Il n'empêche, il s'en colporte de belles sur votre compte et sur le mien, dans cette maudite ville ! Moi, je n'en peux plus. Je vais partir, je veux rentrer chez moi. J'en ai le droit, je me suis renseigné. Cela fait quatre ans que je n'ai pas vu ma mère, ma cité natale, mes copains s'ils sont encore en vie.

– Partir ? Me quitter ? Nous laisser seules, maman et moi ? répète Marie, anéantie. Non, tu ne vas pas faire ça. Tu ne peux pas. Je t'ai tant donné, mon Ady...

– Il ferait beau voir que tu m'en empêches, madame Besnard. Je suis peut-être ton domestique, mais pas ton esclave, madame Besnard !

Marie s'approche de lui, le regarde fixement comme pour le défier. Pathétique, elle cherche ses mots, des larmes lui montent aux yeux, elle pose ses mains bien à plat sur les revers de la belle veste de feu Léon et, d'une voix mourante qui exaspère le jeune homme, elle implore :

– Tu ne partiras pas, hein, mon Ady, mon petit, mon enfant ? Dis-moi que ce n'est pas vrai...

Il tarde à répondre, alors elle le secoue un peu. Ady trébuche et, soudain, comme si elle échappait à son contrôle, sa main droite fouette l'air et frappe Marie au visage. Le coup est si violent qu'elle vacille et manque de tomber. La vieille pousse un cri horrifié.

– Voilà qu'il lui cogne dessus, à présent ! Mais c'est qu'il serait bien capable de la tuer, et moi avec ! Au secours ! Au secours !

La porte claque. Ady détale à toutes jambes et disparaît dans le crépuscule.

– Il t'a... Il t'a frappée, s'étrangle la mère.

Marie se remet tant bien que mal.

– Toi, tu te tais ! Tu m'entends, je ne veux plus entendre le son de ta voix. File dans ta chambre !

La vieille trottine en marmonnant et s'enferme dans la pièce qui est devenue son unique refuge.

Une fois seule, Marie se laisse aller. Hagarde, elle s'assied à la table. Se prenant la tête à deux mains, elle éclate en sanglots.

La veuve ne ferme pas l'œil de la nuit. Elle guette le retour d'Ady. Il fait jour lorsqu'il se glisse sans bruit dans la maison, mais elle est là, face à lui, la mine défaite, les yeux secs, la bouche amère. Le jeune homme a dû coucher dans une grange ou dans un grenier. La veste, le beau veston de Léon, est souillé et piqué de brins de paille.

– Tu es mort de froid, mon pauvre Ady. Je vais te faire chauffer un bon café.

Il ouvre la bouche pour demander pardon. Marie le précède :

– Non, ne dis rien. Prends ton café et va dormir, nous parlerons après.

– Je vais partir, madame Besnard.

Elle tourne le dos, met la cafetière à chauffer.

– Je sais, Ady. Je sais.

Le lendemain vers midi, une petite valise à la main, vêtu de la veste que Marie a pris soin de nettoyer, l'Allemand se rend à l'arrêt des cars, place Sainte-Croix. Sa patronne l'accompagne. Ils n'ont échangé que peu de mots depuis qu'ils ont quitté la maison du faubourg et ils ne voient pas les sourires goguenards qu'échangent les badauds sur leur passage.

– Rien ne presse, tente de nouveau Marie. Tu peux attendre encore un peu avant de partir. L'hiver arrive, la mauvaise saison. À ce que disent les journaux et la radio, chez toi, en Allemagne, les gens manquent de tout, ils n'ont même pas de quoi se chauffer. Tu pourrais passer Noël et le jour de l'an ici, peut-être même tout l'hiver et ne retourner là-bas qu'aux beaux jours.

– Non, je pars maintenant. Je ne supporte plus la vie d'ici, les gens, ce qu'ils racontent. Je pars et c'est mieux pour vous comme pour moi.

Le car arrive, exécute la manœuvre pour redémarrer dans la bonne direction. Le chauffeur charge les bagages sur la galerie. Marie glisse dans la poche d'Ady un billet et deux paquets de cigarettes.

– Pour le voyage.

– Merci, madame Besnard.

– Tu m'écriras, dis ?

– Oui.

– Je ne veux pas voir le car s'éloigner... Au revoir, mon Ady.

Il murmure « adieu » mais elle ne l'entend pas. Elle s'éloigne à pas vifs, la tête baissée pour qu'on ne remarque pas ses yeux embués. Lorsque le bus se met en branle dans un grand bruit de moteur fatigué, elle se fige sur place, lèvres pincées, yeux clos. Ne pas se retourner ! Surtout ne pas se retourner !

Elle y parvient un instant et quand elle cède enfin à la tentation de voir une dernière fois le visage d'Ady dans la lunette arrière, le car a disparu au bout de l'avenue.

Dans la boulangerie devant laquelle elle s'est arrêtée, la commerçante et ses clientes restent comme en suspens. Elles observent, hostiles. La peine de Marie leur fait « plaisir à voir », dirait-on.

Une des clientes a ces mots assassins :

– Ce n'est pas au cimetière, quand on descendait Léon dans le trou, qu'on lui aurait vu la mine aussi déconfite. Diable, il va lui manquer, son Boche ! Avec les froides nuits d'hiver qui s'annoncent, il lui reste à dénicher une sacrée bonne bouillotte pour le remplacer !

13

L'ÉTINCELLE QUI MET LE FEU AU POUDRE

1949. Le château de Montpensier fume encore de l'incendie qui l'a en partie ravagé lorsque l'inspecteur Lavalette se présente devant le propriétaire, l'illustre M. Auguste.

– Puisque l'hypothèse d'un incendie criminel a été émise, nous procédons à une enquête, expose le policier.

M. Auguste, plus ébouriffé et rubicond que jamais, ne semble pas aussi abattu que l'inspecteur l'imaginait. On dirait que la destruction de son château n'est qu'une péripétie et que l'important est ailleurs. Il se pavane au milieu des décombres avec l'exaltation d'un Néron contemplant les ruines de Rome.

– Votre enquête sera vite bouclée, monsieur l'inspecteur, lance-t-il d'emblée, car la main criminelle m'est parfaitement connue. Oui, je sais qui a mis le feu à ma demeure, cherchant sans doute à me faire périr dans les flammes, mais la destinée veille et il est écrit que les assassins n'auront pas le dernier mot !

– Certes, admet Lavalette tout en se disant qu'il a affaire à un drôle de client. Tant mieux si la lumière jaillit vite. Nous aimons les affaires rapides, nous autres. Ainsi, vous savez qui a mis le feu à votre domaine ?

– Affirmatif, monsieur l'inspecteur ! C'est *elle* !

– Soit, mais encore ?

– La coupable n'est autre que Marie Besnard.

– Marie qui ?

– La veuve de feu Léon Besnard, née Davaillaud, créature perverse qui non contente d'avoir le feu aux fesses l'a mis à mon château.

– Je vois, bredouille l'enquêteur, consterné. Selon vous, quel mobile a-t-elle de vouloir vous nuire ?

– De me nuire et peut-être de tenter de m'assassiner, car, monsieur, j'aurais dû perdre la vie dans ce brasier... Le mobile ? La vengeance. Elle a appris par la rumeur publique que, agissant en honnête citoyen, j'ai informé monsieur le procureur de la République de ses agissements criminels... Parlons bas, on pourrait nous entendre. Le poison, monsieur le policier, le poison, voilà son arme !

– Il me semble que nous nous trouvons devant un incendie. Le poison dans tout cela ?

– La bête est rusée ! Elle a recouru au feu pour brouiller les pistes, mais moi, on ne m'abuse pas aussi facilement. Je vois clair dans son jeu. Vous me suivez ?

– Je fais mon possible. Bon. Vous affirmez que cette dame Besnard est l'incendiaire. Soit. Quelle preuve en avez-vous ?

Auguste cesse soudain de s'agiter. Il porte sur le policier un regard compatissant. Comment se peut-il qu'il n'ait pas encore compris ? Alors, articulant bien chaque terme, il reprend son raisonnement :

– La preuve, me demandez-vous, monsieur l'inspecteur, mais vous l'avez sous les yeux ! Ce tas de décombres fumants, ces livres calcinés ! Le feu, l'incendie ! Vous me suivez toujours ?

– En principe c'est moi qui pose les questions. Continuez.

– C'est très simple : dans une lettre à la justice je mets en cause un certain individu. Qui d'autre que cet individu peut avoir intérêt à mettre le feu à mon château ? Personne. Donc si mon château brûle, ce qui est le cas, le coupable est tout désigné. La voilà, la preuve.

– Ah bon. Puisque vous le dites... À propos, que rapportiez-vous dans votre lettre au procureur ?

– Le témoignage de Mme Pinson qui a elle-même reçu le témoignage de l'époux Besnard sur son lit de mort et qui accuse formellement sa femme d'avoir mis du poison dans sa soupe.

– Rien que ça ! s'ébahit Lavalette.

À cet instant, un policier en tenue intervient.

– Monsieur l'inspecteur, vous avez une minute ? Un élément de première importance vient d'être porté à notre connaissance.

L'inspecteur suit son collaborateur. Celui-ci lui glisse à mi-voix, si bas qu'il ne peut plus être entendu d'Auguste :

– Pour l'incendie, nous tenons le coupable. Le fils du domestique, un gamin de neuf ans, s'est amusé à jouer avec des allumettes et le feu a pris dans un fatras de vieux papiers. Voilà toute l'affaire. Le gosse a avoué sa grosse bêtise à son père, et celui-ci l'a obligé à tout nous répéter.

– Prenez les dépositions, décrète Lavalette. S'ils persistent, on peut considérer l'affaire comme close. Je retourne voir le doux dingue. Il m'intrigue et, mine de rien, il me semble qu'il ne profère pas que des foutaises.

– Du nouveau ? s'enquiert Auguste voyant venir l'enquêteur. Vous la tenez, n'est-ce pas ?

– Oubliez l'accusation pour incendie criminel. C'est le gosse de votre homme de main qui a mis le feu involontairement. Une imprudence de gamin, rien de plus. Désolé.

– Oui, le môme, je veux bien. Pourquoi pas, mais je vous dis, moi, que c'est elle qui l'a payé pour foutre le feu ici.

Lavalette fronce les sourcils et fait la grosse voix.

– Bon maintenant, vous arrêtez ça ! Pour le feu, c'est réglé ! Mais parlez-moi donc encore de cette histoire de potage empoisonné et de confession sur le lit de mort. Je trouve ça curieux.

– Ah, vous aussi ?

Et Auguste reprend une fois encore le récit qui le passionne tant depuis la fameuse visite de Louise Pinson.

Quand il quitte son interlocuteur, l'inspecteur Lavalette éprouve un étrange sentiment. Il n'ignore pas que les accusations de l'extravagant M. Auguste sont bien minces, d'autant que le témoin principal, Louise Pinson, s'est rétractée devant les gendarmes, mais en même temps la petite musique de l'ambition lui susurre qu'il risque peut-être de passer à côté de la grande affaire qui pourrait le promouvoir au firmament des flics d'exception.

De retour au commissariat de Poitiers, il prend la précaution de rédiger un rapport circonstancié sur ce qu'il a appris. Il ne se fait guère d'illusion sur la suite qui lui sera donnée, mais il lui semble important de marquer le terrain, de s'approprier l'affaire, en quelque sorte, si d'aventure un fait nouveau se produisait.

Tel est le cas, quelque temps plus tard, lorsqu'il apprend par la presse locale qu'un cambriolage a été perpétré dans une maison de Loudun sise faubourg de Mirebeau. Pas de quoi mettre en effervescence un policier qui se sent promis aux plus hautes distinctions, mais le nom de la locataire du lieu retient d'emblée son attention : Mme Louise Pinson. L'article précise qu'elle n'habite plus le logement depuis un moment mais que les objets qui ont disparu lui appartenaient.

– Cette affaire-là est pour moi, décrète Lavalette.

Au commissariat central, on la lui confie volontiers, personne ne la trouvant particulièrement excitante. En bon enquêteur, il commence par prendre contact avec le journaliste de la rédaction de Loudun qui a « couvert » le fait divers, et c'est alors qu'il peut un instant se prendre pour Hercule Poirot. Il a eu du flair en effet en se réservant ce petit délit minable, car il existe un détail que le rédacteur a cru prudent de ne pas publier : il a reçu une lettre anonyme dénonçant Marie Besnard comme étant l'auteur ou l'instigatrice du vol chez son ancienne locataire. Ce point est autrement intéressant à ses yeux, surtout quand on l'associe à un autre détail : Louise Pinson, revenue de chez sa fille pour établir le constat, a déclaré que tous les objets dérobés lui avaient été offerts par sa bienfaitrice, sa grande amie des jours heureux, la même Marie Besnard.

Cette dernière aurait-elle voulu se venger en

expulsant d'abord sa locataire, puis en récupérant les présents qu'elle lui avait faits ?

Une aubaine pour l'inspecteur Lavalette qui ne rencontre guère de difficulté à obtenir un mandat de perquisition. Quand il se présente chez l'intéressée, flanqué de six policiers, il n'est évidemment pas le bienvenu.

– Je ne suis pas surprise que vous vouliez fouiller ma maison, l'accueille Marie, cinglante. Je sais très bien que des lettres anonymes m'accusent du vol, comme d'autres m'accusaient voilà peu d'avoir mis le feu chez ce pauvre illuminé d'Auguste. Moi, mettre le feu et jouer les monte-en-l'air ? Faut-il que j'aie fait des jaloux autour de moi ! Qu'ai-je donc commis, pour mériter tant de haine ? Mais vous ne m'aurez pas, tous autant que vous êtes ! Vous me harcelez alors que...

– Je ne vous harcèle pas, s'énerve Lavalette. J'effectue des vérifications de routine, rien de plus.

Marie se refuse à l'entendre.

– Vous prétendez ne pas me harceler mais vous me traquez comme une bête fauve alors que je suis de nouveau en deuil, accablée par le destin, poursuit-elle. Ma vieille maman est décédée voilà à peine trois semaines. La dalle de sa tombe n'est pas encore scellée et vous êtes déjà là à me pousser à bout parce qu'un demi-fou délire ! Les lettres anonymes qui m'accusent, demandez-vous donc d'où elles proviennent, au lieu de me tourmenter... Mais allez-y, fouillez, cassez les meubles, crevez le matelas du lit de mort de ma mère, retournez les tiroirs, vidangez la fosse d'aisance, mettez tout sens dessus dessous si ça vous chante, vous ne trouverez rien ! Rien, vous m'entendez ?

Deux heures plus tard, les enquêteurs doivent se rendre à l'évidence : aucun des objets dérobés chez Louise Pinson n'a été retrouvé dans la demeure de la femme Besnard ou dans ses dépendances.

Marie ne se prive pas d'ironiser lorsque l'inspecteur Lavalette, la mine renfrognée, se voit contraint d'admettre devant elle qu'il a fait chou blanc.

– Je suppose que si un cinglé écrit une lettre anonyme pour raconter que je suis pour quelque chose dans l'assassinat d'Henri IV vous reviendrez me chercher des poux dans la tête...

Le policier préfère ne pas relever. Il escamote un salut et quitte la maison.

– Je ne sais pas si la mort d'Henri IV y sera pour quelque chose, marmonne-t-il pour lui seul, mais vous ne pensez pas si bien dire, madame la veuve Besnard : je reviendrai, soyez-en certaine !

De l'autre côté de la rue, derrière la vitre du bar du Cheval Blanc, un homme guette la sortie du policier. M. Auguste. Il frappe au carreau quand il aperçoit Lavalette et lui fait signe de le rejoindre.

– Deux Guignolet ! commande Leclerc tandis que le nouveau venu ôte son manteau et s'installe à une table, tout au fond de la salle, près du poêle.

– Vous ne l'embarquez pas ? s'étonne Auguste. Vous n'avez rien trouvé ?

– Rien de rien... Comment avez-vous su que vous me trouveriez ici ?

– Oh, je ne la quitte pour ainsi dire pas des yeux, la madrée. Rien ne m'échappe et je me tiens presque chaque jour ici pour veiller au grain !

– Je vois, marmonne le policier... Dites-moi, à propos des lettres anonymes qui la dénoncent tantôt de l'incendie de votre demeure, tantôt de cambriolage, n'auriez-vous pas une petite idée de leur provenance ?

– Moi, se cabre Auguste, vous plaisantez ? Vous n'insinuez tout de même pas que je puisse jouer à ces jeux-là ?

– Passons, élude l'enquêteur. Ce n'est pas très important...

– Est-ce qu'elle vous a dit, pour sa mère ?

– Oui, elle est morte le mois dernier.

– Elle vous a raconté qu'elle avait succombé à l'épidémie de mauvaise grippe qu'on a connue, je suppose ?

– Nous n'avons pas abordé la question.

Auguste se penche au-dessus de la table et baisse la voix.

– Sauf que la grippe a bon dos, enchaîne-t-il. La vieille Davaillaud avait quatre-vingt-sept ans, je veux bien. Et il n'est pas faux qu'elle a été un peu patraque, mais savez-vous avec quoi la Besnard a prétendu la soigner ?... Avec de cette fameuse soupe qu'elle fait elle-même. Sûr et certain ! Vous n'aurez qu'à demander au docteur Gallois qui a ausculté la malheureuse. Il lui a posé la question à cause des bruits qui courent déjà sur les potages façon Marie et la mort de ce pauvre Léon. Je le tiens du praticien en personne parce que, ayant pris froid moi-même dans mon château en ruine, je me suis adressé à lui pour me guérir. Nous avons causé, lui et moi. Il me prend pour un farfelu mais quand je lui ai demandé : « Docteur, est-ce que pendant sa maladie, la vieille a mangé de la soupe préparée par sa fille ? », il n'a pu me répondre que par l'affirmative. De la soupe et encore de la soupe, comme pour Léon ! Comme pour les autres, tous les autres... Remettez-nous deux Dubonnet, je vous prie, aubergiste !

– Les autres ? Quels autres ? interroge Lavalette, effaré.

Le patron apporte les verres, ramasse ceux qui ont été vidés. Auguste se trémousse d'impatience parce qu'il doit tenir sa langue tant qu'il peut être entendu par des oreilles indiscrètes. Dès que l'autre s'éloigne, il reprend, presque dans un murmure et à demi couché sur la table :

– Les autres, les voici.

Il sort de sa poche une feuille, la déplie avec soin, la repasse du plat de la main. Lavalette comprend que ce feuillet n'est pas qu'un chiffon de papier aux yeux de son interlocuteur, mais un document de première importance.

– Voilà, commence Auguste avec un contentement d'enfant, j'ai travaillé pour vous, inspecteur.

– Pour moi ?

– Oui, disons que j'ai mené l'enquête à votre place...

– À ma place, mais vous êtes f...

– Fou ? Je sais, tout le monde le pense ici. Qu'importe ! Écoutez-moi plutôt...

– Un instant tout de même : où avez-vous donc enquêté à ma place ?

– Au cimetière. J'ai fait parler les morts. Ou plus exactement leurs sépultures. Et voilà sur ce parchemin le résultat de mes investigations. Lisez les noms, regardez les dates de décès. Les personnes figurant sur ma liste sont soit des parents des Besnard, soit des gens qui ont vécu dans leur proche voisinage, le plus souvent sous leur propre toit... Je vous en prie, prenez le temps d'examiner cela.

– Oui, eh bien je sais lire, tout de même ! Bon, et alors ?

M. Auguste se rengorge. Il rayonne, pour un peu il clamerait sa trouvaille haut et fort dans le bistrot afin que chacun puisse admirer ses talents.

À contrecœur il s'impose de nouveau un murmure de comploteur.

– Observez et comptez. Les chiffres d'abord, entre août 1938 et janvier de cette année, 1949, douze personnes sont mortes dans l'entourage de madame Besnard. Des gens qui ont tous, je vous l'ai dit, plus ou moins vécu sous son toit. Et mangé sa soupe ! Je veux bien faire exception pour Lucie, la sœur de Léon, qu'on a retrouvée suicidée par pendaison : mais les autres, monsieur l'inspecteur, les autres ? Hein, qu'en dites-vous ?

Lavalette est plus secoué qu'il ne consent à le reconnaître. Il s'efforce de se montrer cartésien.

– Il y a sûrement une explication. Des épidémies, par exemple, les privations pendant la guerre ? Oui, cela peut certainement s'expliquer autrement que par la main du diable. Ou d'une diablesse.

– Inspecteur, la seule épidémie que mon enquête ait révélée est une épidémie d'héritages ! Eh oui, je suis allé plus loin que les tombes, j'ai fouiné dans les avoirs de la Besnard avant l'office funèbre de chacun et après. Monsieur l'inspecteur, je peux vous garantir que les obsèques ont été fructueuses.

– Tant que cela ?

– C'est vous le policier. Moi je n'ai fait que débroussailler. À vous de faire causer les testaments, les codicilles, les comptes en banque, les placements notariés, les rentes et les avoirs fonciers.

– La cupidité serait donc le mobile, émet Lavalette, sceptique.

– Depuis la nuit des temps n'est-il pas l'un des plus opérants ? Avec l'amour, la jalousie et tout le toutime, bien sûr ? Ma liste n'oublie pas cette donnée romantique, monsieur. Voyez, ici, en marge du nom de Léon, j'ai écrit « amour », le vocable « coucherie » me paraissant vulgaire. Dans son cas l'intérêt a cédé le pas devant la passion. Il gênait Marie dans ses amours avec le beau Teuton, le Boche, Ady le chéri de ces dames. Alors, un petit philtre d'amour pour l'un, un philtre de mort pour l'autre, et voilà le champ libre. Le tour est joué.

– J'ai du mal à vous suivre, résiste le policier. Mais votre affaire m'intrigue. Vous me confiez ce document, je suppose ?

– Certainement.

– Tout de même, dit encore Lavalette, manier le poison n'est pas un acte banal. Il faut d'abord s'en procurer...

– Rien de plus facile. Le premier marchand venu en vend à qui lui en demande. On en utilise pour détruire les doryphores et les rats. L'épicier habituel de la Besnard en fait commerce, j'ai vérifié ce point.

– Sans doute, mais cela ne prouve pas que cette femme ait eu à employer un tel produit...

À ces mots, la figure d'Auguste s'épanouit. Avec un air de triomphe, il glisse à l'oreille de son interlocuteur :

– Demandez donc aux gens des Liboureaux de vous raconter comment elle s'y est prise pour se débarrasser de Castor, le chien de ses parents quand, un jour de 1940, à la mort de son père, elle et Léon sont allés chercher sa mère pour la ramener vivre avec eux. Tous sont formels : le chien, elle l'a empoisonné à l'arsenic ! Un paysan a eu beau proposer de liquider l'affaire d'un coup de fusil, la Besnard a insisté pour s'en occuper elle-même. Elle a entraîné l'animal à l'écart, dans une grange, lui a servi une bonne sou-soupe et elle est restée là à regarder tandis que la pauvre bête agonisait, se tordant de douleur sur le sol et hurlant à la mort. Renseignez-vous, inspecteur. Voilà le vrai visage de la Bonne Dame de Loudun !

Fort content de son effet, M. Auguste se lève, enfile gilet, veste et manteau pour retourner dans la glacière qu'est devenu son château ouvert à tous les vents.

Il peut bomber le torse : c'est un inspecteur Lavalette extrêmement troublé qu'il laisse derrière lui, attablé près de poêle au fond du bistrot.

La nuit est tombée. Derrière les vitres, on ne voit briller chez Marie Besnard qu'une chiche ampoule. Les volets ne sont pas encore tirés. On devine deux silhouettes assises face à face à la table de la cuisine. Marie et une autre femme.

Celle-ci manipule avec dextérité les lames du grand tarot de Marseille.

– Je vous écoute, madame Besnard, exprimez ce que vous attendez des cartes.

– Je voudrais qu'elles me disent une chose, une seule... Ady me reviendra-t-il ?

14

GROS NUAGES

Le ciel s'obscurcit chaque jour un peu plus sur la tête de Marie Besnard. La ville et le canton bruissent de rumeurs terribles. Chacun y va de son couplet vengeur et il n'est pas un méfait, un délit passé ou présent derrière lequel on ne voit se profiler l'ombre de la sorcière du faubourg de Mirebeau. Les journaux, les gendarmes, la police reçoivent en avalanche de prétendues révélations sur mille mauvais coups plus ou moins imaginaires.

Parmi ce déluge accusatoire, l'inspecteur Lavalette accorde une attention particulière à certaines lettres anonymes reçues par des Loudunais entre 1943 et 1946 et dont, naturellement, on accuse Marie d'être l'auteur.

Cet élément lui fournit le motif d'une première convocation de l'intéressée et, donc, d'un premier interrogatoire. En réalité, n'ayant rien de plus solide au dossier que l'existence avérée de ces lettres anonymes, il ne cherche qu'à déstabiliser « la Bonne Dame », à semer en elle l'inquiétude, la peur qui pourrait l'amener à commettre l'erreur fatale de l'assassin qui, pris de panique, perd son sang-froid et se trahit.

Dans le bureau du commissariat de Poitiers où a lieu cette confrontation, Marie fait front sans se départir de son assurance.

– Pourquoi me soupçonner d'avoir écrit ces cochonneries ? Nous en avons reçu, nous aussi, mon Léon et moi.

– Dommage que vous ne puissiez me les montrer, déplore l'inspecteur, narquois.

– Je n'allais pas conserver de telles ordures.

– Bon. Passons. Je vais vous demander de bien vouloir écrire ce que je vous dicterai...

– On aura tout vu. Et pourquoi, je vous prie ?

– Pour comparer les écritures, la vôtre et celle du corbeau...

– Vous m'insultez, monsieur ! J'en ai assez. Je ne resterai pas un instant de plus dans ces murs. Je rentre à Loudun. Vous m'avez dérangée pour rien.

– Je vous en prie, madame Besnard, rasseyez-vous. Vous ne pouvez pas vous soustraire à cette formalité. Vous êtes sous le coup d'une convocation officielle et je peux fort bien vous retenir ici contre votre gré.

– Bon. Allons-y, puisqu'il le faut. Mais vous perdez votre temps !

– Sait-on jamais... Écrivez, je vous prie : *« Toi, Trousseau, la grosse putain... »*

Marie prend la plume et commence à écrire. Elle y met une application d'écolière presque touchante. La dictée terminée, Lavalette ramasse la copie. Il paraît très content de lui.

– Je vous le répète, résiste encore Marie avec une ironie forcée, vous perdez votre temps.

– Je ne le crois pas.

– Ah bon, les écritures sont identiques, sans doute. Il ferait beau voir !

– C'est aux experts d'en décider. En ce qui me concerne, j'ai une petite indication.

– Ah oui ? J'aimerais entendre cela.

– Chaque chose en son temps. Vous pouvez partir, madame Besnard. C'est tout. Du moins pour aujourd'hui. Vous êtes libre.

Une fois seul, le policier reprend le dossier et note au stylo-plume : « La femme Besnard ne s'est montrée ni surprise ni choquée par les premiers mots dictés : "*Toi, Trousseau, la grosse putain...*" » Comme s'ils n'étaient pas nouveaux pour elle. Les a-t-elle déjà lus ou, pire, les a-t-elle *« écrits »* ?

Quatre jours plus tard, Marie est de retour dans le bureau du policier.

– On ne se quitte plus, persifle-t-elle. Faut-il encore que je gribouille des insanités ?

Un instant, Lavalette se demande s'il s'agit de la même femme qu'il a en face de lui. Elle paraît rajeunie. Son regard s'est adouci et elle semble prendre les choses avec détachement, comme si rien ne pouvait l'atteindre. Sa coiffure aussi a changé, plus apprêtée, plus élégante. Le policier n'ignore pas la cause de cette subite métamorphose, néanmoins il feint l'étonnement.

– À la bonne heure ! Je vois que vous ne me faites pas la mauvaise tête de l'autre jour. Vous allez bien, je vois.

– Oui. Ady est revenu.

– Je sais, assène alors le policier. D'ailleurs, il va arriver ici même d'un moment à l'autre. J'ai envoyé deux hommes le chercher.

Marie se raidit et blêmit.

– Qu'est-ce que vous lui voulez ? Laissez-le tranquille.

– Je ne demande pas mieux. Alors dites-moi ce que je cherche à savoir et je m'abstiendrai de lui poser la moindre question. Ce jeune Allemand est-il votre amant ?

Marie, horrifiée, porte les deux mains devant sa bouche.

– Comment osez-vous dire des choses pareilles ? Ce garçon a l'âge d'être mon fils, voyons !

– Oh, vous savez, vous ne seriez pas la première

à donner dans la jeunesse. C'est même assez répandu, je vous assure.

– Je ne vous permets pas.

– Donc vous niez ?

– Bien entendu, je nie. Et jamais vous ne me ferez dire ce qui n'est pas et n'a jamais été.

– Moi, je pense que vous mentez, voyez-vous, madame Besnard. Je crois que ce jeune homme est votre amant et que c'est pour cela que vous avez assassiné votre mari. Pour avoir la voie libre. Le mari encombre, alors on le fait passer de vie à trépas. Un peu de poison dans la soupe, et hop, le tour est joué. Ce n'est pas plus difficile que pour un chien. Comment s'appelait-il déjà, ce pauvre animal ? Ah oui, Castor.

Marie s'affaisse sur son siège. Elle ouvre la bouche sur un cri de stupeur qui ne sort pas.

– Moi, assassiner mon Léon... Mais êtes-vous fou, monsieur ?

– Hélas pour vous, madame, nous avons un témoin. Une personne qui se trouve dans la pièce voisine et qui vient de nous signer une déposition en bonne et due forme.

L'inspecteur se lève et va ouvrir la porte de communication entre les deux bureaux. Marie découvre alors Louise Pinson. Celle-ci n'ose pas la regarder en face et se contente de marmonner :

– Je n'ai suivi que ce que me commande la voix de ma conscience. Il fallait que je dise ce que je sais.

Marie reste interdite. L'inspecteur referme la porte.

– Après tout ce que j'ai fait pour elle, monsieur l'inspecteur, se reprend Marie accablée, voilà le merci ! J'ai même consenti à fermer les yeux lorsqu'elle est devenue la maîtresse de Léon après ma déchéance... je veux dire mon opération, la totale, quoi.

Lavalette esquisse un sourire aigre.

– Vous avez tort de me livrer ce genre de confidences, madame Besnard. Vous venez de suggérer un autre mobile possible pour le meurtre de votre mari. Il vous trompe, vous le découvrez, vous ne pouvez le supporter et vous le lui faites payer.

– Je ne dirai plus rien. Pas un mot. Je veux prendre conseil auprès de Fifils, pardon, je veux parler de maître Demeule, mon notaire. Il me trouvera un avocat, le meilleur. Mais moi je ne dirai plus rien.

– Comme vous voudrez, madame Besnard. Mais sachez tout de même qu'il y a des silences tout aussi accablants que des confidences maladroites. Alors, je répète ma question : Adolf Dietz, surnommé affectueusement par vous Ady, est-il votre amant ?

– Non, non et non ! Faut-il que je vous le hurle ?

– Pourtant il est revenu. Il faut alors que quelque chose de fort l'attire ici...

– Demandez-le-lui, puisqu'il est entre vos pattes !

– C'est ce que nous allons faire. Vous ne craignez pas qu'il se montre moins soucieux que vous de nier la nature exacte de vos relations ?

– Non, je ne redoute rien de tel. Ady ne dira que ce qui est. Mon cœur est pur et le sien aussi. Maintenant, comme je l'ai dit, je me tais. Vous pouvez me jeter en prison si cela vous chante. Vous n'obtiendrez rien de plus.

– Nous n'en sommes pas encore là, madame Besnard. Pas encore, rassurez-vous. Nous allons attendre ce que déclarera votre... Ady. S'il confirme vos dires, vous pourrez rentrer chez vous, mais s'il vous désavoue, je considérerai que vous avez menti dans le seul but d'égarer la justice, et là je vous garde.

Marie plante son regard dans celui de son interlocuteur. Avec un sourire plein de sérénité, elle déclare d'une voix douce :

– Alors je suis bien tranquille. Cette nuit je dormirai dans mon lit. Et toutes les autres nuits que le Bon Dieu m'accordera de connaître jusqu'à mon dernier souffle.

15

ARSENIC ET GROSSE FICELLE

– Elle est forte, la garce ! déplore l'inspecteur Lavalette devant le juge d'instruction. Je pensais lui imposer d'être présente là, ce matin, au cimetière, pour l'exhumation du corps de son mari dans l'espoir de la voir craquer. Mais non, elle m'a devancé et c'est elle qui a exigé d'assister à cette horreur. Elle tient à voir une dernière fois son Léon, à ce qu'elle prétend. Si elle joue la comédie, on peut dire qu'elle mérite nos applaudissements...

– Imaginez qu'elle ne joue pas, émet le magistrat. Supposez que ce soit elle qui dise la vérité. Une exhumation, ce n'est pas rien. Nous sommes allés très loin déjà dans cette affaire, Lavalette, et ne perdez pas de vue que, jusqu'à plus ample informé, nous n'avons contre cette femme que des rumeurs de bourgade. Rien d'autre ! Le jeune Allemand que vous avez pourtant interrogé avec toute la vigueur requise – j'ai dit vigueur, Lavalette, pas brutalité ! – tient le même discours que la femmc Besnard : tous deux s'en tiennent à une seule et unique version : il n'est pas, il n'a jamais été son amant. Quant à ce que la femme Pinson prétend avoir entendu dire à Léon Besnard à l'article de la mort, le plus mauvais avocaillon du district se fera une joie de démontrer devant la cour que le délire est une constante parmi les symptômes de l'urémie en phase terminale... Non, mon vieux, faites-moi parler ce cadavre que nous déterrons ! Je veux – en haut lieu on le souhaite également – que la justice, si malmenée et si mal considérée depuis l'Occupation et la Libération ne sorte pas ridiculisée de cette sordide histoire. En clair, mon petit Lavalette, si la montagne devait accoucher d'une souris, c'en serait fait de votre carrière. Et de la mienne. Me suis-je fait comprendre ?

– Certainement, monsieur le juge.

– Comment disiez-vous voilà un instant, Lavalette ? Ah oui, elle est forte, la garce ! Eh bien, à la moindre suspicion du plus petit indice potentiellement problématique révélé par les analyses, je vous délivre un mandat et vous me la mettez en taule ! Nous verrons alors si elle est aussi solide que vous le prétendez ! La prison, rien de tel pour mater les fortes têtes et amener aux aveux les plus coriaces. Toute la presse nous regarde, Lavalette. L'opinion publique a désormais les yeux rivés sur cette tombe que nous profanons et sur cette femme. Un échec serait notre mort... Je vous laisse. Les cadavres qu'on remonte à la surface me dépriment. Surtout deux heures avant de passer à table par une journée de printemps aussi agréable que celle-ci ! Nous avons un beau mois de mai, cette année, non ? Bon courage, mon vieux.

Lorsqu'on s'apprête à dévisser le couvercle du cercueil sorti du caveau et déposé sur des tréteaux, le Dr Gallois prend Marie par le bras pour l'éloigner de force.

– Ne voyez pas cela. Ne vous imposez pas cette torture, c'est inutile.

Mais Marie reste. La dépouille est transportée dans un mausolée, à l'abri des regards. Le prélèvement des viscères, des organes retenus aux fins d'analyse prend du temps. Beaucoup de temps. Cependant, la veuve ne se dérobe pas. Plantée devant la porte du reposoir, elle pleure et s'adresse entre ses lèvres au défunt, à « son Léon », lui jure qu'*ils* auront à payer les tourments qu'*ils* lui causent au-delà de la mort. Puis, la dissection terminée, elle suit des yeux une brouette chargée de bocaux qu'on pousse vers une camionnette mal bâchée. Ce sont les restes de Léon, emportés dans de vulgaires verres à conserve !

Ce qui n'a pas été pris retrouve le cercueil qui de nouveau est enfoui dans son trou. Une seconde mort, en quelque sorte.

Marie est la dernière à quitter le cimetière. Elle confie au docteur Gallois :

– Jusque-là, j'étais en carême d'idées avec ma peine. Je vais me battre et ils vont me le payer, tous autant qu'ils sont.

Lavalette l'a observée tout le temps de la macabre épreuve. Quand il la voit s'éloigner à pied, au-delà des grilles près desquelles Ady l'attend, il ne sait plus quoi penser. Il allume une cigarette, monte en voiture, jette son chapeau sur le siège arrière.

– Curieuse bonne femme, tout de même, marmonne-t-il.

– Qu'est-ce que vous dites, patron ? questionne le policier qui conduit.

– Rien. J'ai faim. Allons déjeuner.

Bientôt le résultat des analyses tombe. Quand ils le découvrent, le juge d'instruction et l'inspecteur Lavalette croient rêver.

– Allez-y, foncez ! ordonne alors le magistrat. Il n'y a pas un instant à perdre.

Dans l'heure qui suit, on tambourine à la porte de la maison du faubourg de Mirebeau.

– On vient, pas la peine de tout casser ! grogne Marie. Il n'y a pas le feu, tout de même...

Le battant à peine entrebâillé, elle se voit repoussée à l'intérieur de la pièce et, avant même qu'elle ait eu le temps de protester, elle se retrouve menottes aux poignets. Trois policiers l'entourent, quatre autres s'occupent d'Ady qu'ils ramènent (lui aussi menotté) de l'appentis où il regonflait les pneus de l'auto pour une promenade à la campagne. Dehors, les habitants du faubourg sont sortis sur le seuil de leurs maisons. Derrière les vitres du café, les clients sont agglutinés en grappe. Marie et Ady ne peuvent échanger qu'un regard effaré car il leur est interdit de se parler.

On embarque la femme dans la voiture de l'inspecteur et le garçon dans le panier à salade. Destination : les locaux de la police judiciaire de Poitiers.

Là, l'inspecteur Lavalette commence aussitôt l'interrogatoire de la « veuve Besnard ».

– Non seulement le professeur Locard, de Lyon, certifie que les lettres anonymes ont été écrites de votre main, mais le professeur Peccoux, de Marseille, atteste quant à lui que les organes de Léon contiennent bel et bien des traces d'arsenic dans des proportions qui prouvent l'acte criminel. Contrairement au défi que vous m'avez lancé l'autre fois, vous ne dormirez probablement pas dans votre lit avant longtemps. Ou alors je ne m'appelle plus Lavalette et il ne me reste plus qu'à restituer ma carte de flic !

– Je ne comprends rien à ce que vous racontez, oppose Marie, stupéfaite.

– D'une part les analyses sont accablantes, poursuit l'inspecteur, mais vous vous êtes rendue coupable d'une manœuvre grossière qui pourrait bien être considérée par la justice comme une circonstance aggravante.

– Je ne vois toujours pas de quoi vous parlez, se défend l'interpellée quelque peu déstabilisée par l'assurance du policier.

– Allons donc ! Vous avez commis la folie de vous assurer les services d'un prétendu détective dans le but d'intimider les témoins Leclerc et Pinson afin qu'ils reviennent sur leurs déclarations initiales. Malheureusement pour vous, si ce détective, le dénommé Loccident, est un faux enquêteur, il est en revanche un véritable escroc déjà condamné pour des faits semblables.

– Je n'y suis pour rien, objecte l'interpellée. C'est Fifils, je veux dire maître Demeule, qui a pris cette initiative. Il pensait que cela suffirait à faire entendre raison à ces deux langues de vipères qui racontent n'importe quoi pour me détruire. Il m'a dit : « Comme ces deux-là savent très bien que leurs accusations ne reposent sur rien, ils se déballonneront devant la plus légère résistance que nous leur opposerons. Je vais envoyer quelqu'un leur faire les gros yeux et rouler des mécaniques devant eux. »

– Maître Demeule s'est peut-être aventuré à recruter l'escroc, mais c'est bien de votre poche que sont sortis les sous pour le payer. Cela vous ne pouvez le nier, madame Besnard. Mais oublions cette histoire pour le moment. Maintenant, je veux vous entendre raconter pour quelles raisons vous en êtes venue à assassiner votre mari, Léon Besnard...

– Vous êtes fou ? Jamais je n'aurais commis un tel crime...

– Si vous étiez innocente, vous n'auriez pas recouru aux services d'un faux policier pour intimider les témoins, cela avant même que les résultats des analyses toxicologiques soient connus. Vous saviez d'avance qu'ils vous confondraient, alors vous avez cherché à prendre les devants. Allons, avouez donc ! Vous êtes assez fine mouche pour ne pas ignorer que la justice sait tenir compte des aveux spontanés et de la bonne volonté des accusés. Vous risquez votre tête dans cette affaire, madame Besnard, et vous n'avez pas l'air de vous en rendre compte.

– Ce ne serait pas la première fois qu'on couperait le cou à un innocent, réplique Marie, de nouveau sûre d'elle. Vous gâchez votre salive à essayer de me faire dire ce qui n'est pas et n'a jamais été. En quelle langue faut-il que je vous le serine ? Je n'ai pas tué mon mari. Je l'aimais de tout mon cœur. Nous avons eu des scènes, c'est vrai, mais quel couple n'en connaît pas en vingt années de mariage ? Vous ne vous prenez jamais de bec avec votre femme, jeune homme ?

Lavalette esquisse un sourire. Par instant, cette femme le touche ou l'amuse, cela dépend.

– Le professeur a trouvé de l'arsenic dans les

viscères de votre époux, enchaîne-t-il. Dix-neuf milligrammes, ce qui est très largement supérieur à la dose admise.

– Il se trompe.

– Vous parlez d'une sommité scientifique, voyons !

– Eh bien disons que je parle d'une sommité scientifique qui se fourvoie !

– Laissons cela aussi pour l'instant, esquive l'enquêteur. Comme si les expertises ne suffisaient pas, nous disposons également de témoignages pour le moins troublants !

– Ah oui, lesquels ? ricane Marie. Des fantaisies du style Pinson et Auguste ?

– Une femme de Loudun a déclaré à mes collègues que, voilà des années, alors qu'elle ne s'entendait plus avec son mari, vous lui avez conseillé de recourir à l'arsenic pour régler le différend une bonne fois pour toutes. Vous avez même ajouté : « Ce poison-là ne laisse aucune trace. Ni vu ni connu ! Je le sais : une de mes amies l'a utilisé à cette fin et tout le monde a gobé la version officielle : mort naturelle, excès d'urée dans le sang. »

Marie se contente de hausser les épaules.

– Balivernes ! À cause des rumeurs, les gens se mettent à raconter n'importe quoi. On dirait qu'ils font un concours. Ce sera à celui qui sortira le plus beau lapin du chapeau. Cette femme est stupide. Est-ce que je serais allée lui parler d'arsenic si j'avais moi-même utilisé ce poison pour faire passer je ne sais qui de vie à trépas ? Soyons sérieux, monsieur.

– Hum... Admettons. Mais nous avons également la tireuse de cartes qui assure que vous l'avez consultée pour savoir si Ady vous reviendrait.

– Foutaise !

À l'évocation du jeune homme, Marie se radoucit et baisse soudain sa garde.

– Vos hommes l'ont amené ici en même temps que moi, voilà des heures. Où est-il ? Que lui avez-vous fait ?

Lavalette hésite avant de répondre. Il sait que ce qu'il va dire est plutôt favorable à Marie, mais il ne peut lui mentir au risque de fausser la procédure en paraissant la manipuler.

– On l'a relâché, on n'a rien retenu contre lui. Il est libre. Mais je crois que la région ne présente plus beaucoup d'attraits à ses yeux. Il parle de déguerpir de nouveau.

– Moi je le comprends. Il n'a plus rien à faire au milieu de tant d'injustice et de haine. Pour le reste, je me tue à vous le répéter depuis le début : vous n'avez rien contre lui. Et rien contre moi non plus. Pas ça, pas le plus petit grief !

Sur ces mots, Marie ébauche le geste de se lever de sa chaise.

– Vous avez raison, la nuit s'avance et nous ne progressons plus dans cet interrogatoire. Prenons du repos. Voilà ce qui vous attend à présent : le juge d'instruction va vous signifier votre inculpation et mes hommes vous conduiront aussitôt à la prison. Nous nous reverrons le moment venu, madame Besnard. Soyez certaine que je ne vous oublierai pas !

Un voile de frayeur passe dans le regard de Marie.

– Moi, en prison ! bredouille-t-elle, incrédule. En prison, comme une criminelle...

– Eh oui, madame Besnard, triomphe le policier. Comme une criminelle. C'est bien ce que vous êtes, non ?

16

DES MOUTONS ET DES LOUPS

– Voilà trois jours et trois nuits que tu es ici et tu n'as pratiquement pas fermé l'œil. Tu ne tiendras pas le coup à ce régime-là, Marie. Quand le juge voudra t'entendre de nouveau, tu devras être en forme. Si tu te présentes devant lui épuisée il ne fera qu'une bouchée de toi ! Tu lui lâcheras tout ce qu'il voudra.

– Je n'ai rien à lui lâcher, comme vous dites...

– Combien de fois faudra-t-il que je répète qu'ici, en taule, on se tutoie !

– Excuse-moi, Marylou. Je n'ai pas l'habitude. Tu sais, moi, c'est la première fois.

La codétenue de Marie émet un rire amer.

– Oui, bien sûr. Moi j'en suis à mon septième séjour, alors évidemment, les us et coutumes derrière les barreaux, je connais. Dis, t'aurais pas une clope ?

– Une quoi ?

– Une cibiche, une sèche, une cigarette, quoi ?

– Non. Je ne fume pas.

Marie, assise au bord de sa couchette, regarde autour d'elle. Les murs de la cellule sont d'un gris sinistre et la petite fenêtre grillagée ne permet de voir de l'extérieur qu'un rectangle de ciel bleu. Il fait très beau, en ce début de mois d'août 1949.

– Quelle chaleur, soupire Marie. Tu pourrais fumer, toi, par cette canicule ?

– Bah, ici on finit par se faire à tout.

– Même à cette odeur ? laisse échapper Marie, la bouche pincée.

– Ah çà, l'odeur, ça fait partie de l'agrément des prisons de femmes au mois d'août. On dirait que les murs finissent par s'imprégner de notre sueur. Et encore, tu as de la chance, dans cette cellule les effluves des latrines ne remontent pas trop. S'ils nous avaient mis à l'autre bout du couloir, tu en prendrais plein les naseaux.

– Qu'est-ce que tu as fait, pour te retrouver si souvent en prison ? questionne Marie.

L'autre sourit. Si la nouvelle commence à poser ce genre de questions, c'est qu'elle s'apprivoise, que la confiance est en train de s'installer entre elles deux.

– Presque rien. Des broutilles. Vol, prostitution et complicité de proxénétisme, qu'ils appellent ça. Les six incarcérations précédentes, je me les suis faites chez moi, à Marseille. Cette fois ils m'ont mise ici parce que là-bas je connais trop de monde, même derrière les barreaux. Ils ont dit que j'avais réussi à enrôler deux jeunes taulardes lors de mon dernier passage et que, à leur sortie, on les avait retrouvées sur le bitume à tapiner pour moi. Des salades, tout ça. Je me suis contentée de les orienter vers un turbin d'avenir. Et toi, alors, qu'est-ce qui nous vaut l'honneur de ta présence ?... Les filles, dans les autres cellules, ont ouvert des paris. La plupart pensent que tu es une faiseuse d'anges, une avorteuse, quoi ! À cause de ton âge, sans doute. Les bleues – celles qui n'ont encore jamais fait de taule – ayant dépassé la quarantaine y débarquent pour ça ou alors parce qu'elles ont trucidé leur bonhomme... Moi, te concernant, je penche depuis le début pour la seconde proposition. Avant même d'avoir entendu parler de ce que racontent les journaux.

– Je n'ai tué personne, se défend Marie. Je suis innocente. D'ailleurs ils vont vite s'en rendre compte ! Il ne peut pas en être autrement et c'est pour ça que je ne dors pas. Je passe en revue ce qu'ils pourraient avoir contre moi, et chaque fois j'arrive à la même conclusion. Tout cela va se dégonfler comme une baudruche d'un moment à l'autre. C'est trop absurde.

– Tu es sûre, tu n'as pas de cigarettes ?... Dommage.

Marylou marque une pause, s'approche de la porte de la cellule et cogne trois coups secs. Une surveillante arrive, ouvre le guichet. Elle échange quelques mots à voix basse avec la détenue. La matonne repart et revient un instant plus tard, apportant un paquet de cigarettes et un pichet d'eau fraîche. Discrètement, elle sort de sa poche une mignonnette de pastis.

– Normalement, c'est interdit, précise-t-elle.

– Je sais, ma grande, ricane Marylou. C'est même pour ça que tu me vends la dose trois ou quatre fois le prix. Je te paie demain. J'ai un parloir cet après-midi et je toucherai un peu de blé.

La matonne partie, Marylou revient vers Marie.

– L'eau fraîche et le pastaga, c'est pour toi. Moi, mon truc, c'est la clope. Bois un coup, ça te remontera le moral.

– Par cette chaleur, ce n'est pas de refus. C'est gentil de t'occuper de moi. Merci.

– Y a pas de quoi. Tu sais, tu ne devrais pas te buter et continuer à répéter ton baratin comme quoi tu n'as rien fait. Les journaux parlent de toi. Même ici, dans nos cages, on sait ce que racontent les baveux. À la longue tout finit par se savoir, en cabane. Ainsi, tu aurais liquidé ton homme à l'arsenic. Moi, ça me fait marrer. J'ai eu tellement souvent envie de l'occire, mon julot !

– Des racontars. Je n'ai pas fait ça ! s'emporte Marie, vidant son quart d'un trait. Bon sang, ça fait du bien...

– Moi, tu sais ce qui me ferait du bien, ma belle ? Ce serait de me faire faire l'amour par un beau mec ! On a beau dire, en taule ça manque et ça en travaille plus d'une au corps, crois-moi ! Surtout avec ce beau temps dehors... À toi, ça ne manque pas ?

Marie hausse les épaules. Marylou l'observe du coin de l'œil et lui sert un autre pastis. Marie commence par refuser, puis laisse faire.

– Après tout, si je suis grise, ça me fera peut-être dormir.

Marylou s'esclaffe. C'est le rire d'une voix éraillée, abîmée par l'alcool et le tabac. Marie se dit que cette fille a dû être très belle. La vie a creusé ses traits, durci son regard d'un vert profond. Mais à sa manière de bouger on voit qu'elle est fière de son corps. Elle réussit la gageure de porter la blouse bleue d'uniforme comme une robe de vamp.

– Dormir... et rêver ! poursuit Marylou. Rêver que tu es dehors, couchée dans l'herbe, enlacée avec ton amant, tu sais, le bel Allemand dont parlent les canards ? C'était sûrement bien, au lit, avec un beau gosse comme lui, en pleine vigueur ?

– Cela non plus je ne l'ai pas fait, riposte Marie. Ce sont des racontars.

– Eh, ma belle, ne t'énerve pas comme ça ! Tu n'es pas devant le juge, ici ! À moi, tu peux tout dire. Après tout, peut-être que ça te ferait du bien d'évoquer les bons souvenirs, de parler librement. Entre femmes, on se comprend. Moi, à ta place, je ne me serais pas gênée. Si j'avais eu un jeune type à demeure, allemand ou non, je ne me serais pas contentée de lui faire ramoner la cheminée ! Tu vois ce que je veux dire, hein ?

– Chacun agit comme il l'entend, s'adoucit Marie. Mais moi je sais ce que j'ai fait et ce que je n'ai pas fait. Mon cœur est pur et j'ai ma conscience pour moi...

Marylou écrase sa cigarette sur le rebord du lavabo. La cloche qui annonce la promenade retentit.

– Voilà l'occasion de prendre l'air, ça te fera du bien, encourage Marylou. Moi, je reste ici. J'en ai ma claque de me traîner sous la chaleur dans ce trou entre quatre murs qu'ils appellent la cour.

La porte de la cellule s'ouvre. Marie sort, prend sa place dans la file qui, à pas traînant, se met en marche vers le bout du long couloir. Une minute plus tard, la surveillante-chef se fait ouvrir la cellule où Marylou vient de s'étendre sur sa couchette.

– Alors ? interroge la chef.

– Alors rien. Elle n'en démord pas. Elle dit et répète qu'elle n'a pas couché avec son Boche et qu'elle n'a pas liquidé son bonhomme.

– Bon. Continue à t'en occuper. Elle finira par te lâcher quelque chose. Tu sais ce qu'on t'a promis, si tu lui tires des aveux : ta libération dans les quinze jours !

– Comment j'oublierais ? marmonne Marylou. J'en rêve la nuit... Ah, ne manquez pas de me fournir en clopes et en pastis. Elle a l'air d'apprécier. Qui sait si un peu bourrée elle ne se mettra pas à table ?

Une heure plus tard, l'inspecteur Lavalette se présente au cabinet du juge d'instruction.

– J'ai eu la surveillante-chef de la prison tout à l'heure au téléphone, expose-t-il. Le mouton que nous avons introduit dans la cellule de la femme Besnard n'en a rien tiré de plus. La fille, une certaine Marylou, semble même penser que la Besnard ne ment pas quand elle nie avoir été la maîtresse de l'Allemand. Mais elle n'est sûre de rien.

– C'est ennuyeux, déplore le magistrat. Oui, très ennuyeux. Car s'il est exact que l'accusée ne couchait pas avec son domestique, du coup le mobile pour le meurtre du mari s'effondre. Pas de coucherie, donc pas de raison de vouloir supprimer un mari gênant. Vous me suivez, Lavalette ?

– Bien sûr.

– Et si notre mobile ne tient pas, l'accusation ne vaut guère mieux et ce sera un jeu d'enfant pour la défense de nous renvoyer à nos chères études. Nous allons droit vers un fiasco, mon petit Lavalette, et ça, voyez-vous, c'est très embêtant... À moins que...

Le policier lève un sourcil interrogateur. La

mine réjouie du juge lui donne à penser qu'une idée géniale vient de poindre dans son esprit.

– À moins que nous ne changions notre fusil d'épaule, poursuit le magistrat instructeur comme s'il réfléchissait à haute voix. Oublions le mobile passionnel et tournons-nous vers une autre motivation, l'intérêt par exemple. Voyez-vous où je souhaite en venir, inspecteur ?

– Vaguement.

– Je veux simplement dire que nous devons considérer que c'est par intérêt, par cupidité que la femme Besnard a agi. Elle a tué son mari pour profiter librement et seule de ses biens... Alors, si tel est le cas, une hypothèse s'impose : celle qu'a émise en son temps ce châtelain fantasque, ce M. Auguste. En effet, si l'accusée tue pour accaparer des héritages et de l'argent, il n'y a aucune raison qu'elle se soit limitée à la personne de son époux. Votre Auguste a eu la bonne intuition, me semble-t-il. Et, dans cette configuration, sa liste de décès et d'héritages devient une mine pour nous ! Je crois, mon cher Lavalette, que nous touchons au but, et la première décision que je vais prendre à présent est de faire exhumer tous les cadavres de la liste...

– Tous ? s'engorge le policier, estomaqué.

– Oui. Tous. Cela en fait une douzaine, je crois. Ne lésinons pas. Exhumons et faisons analyser les restes par le professeur Peccoux, comme pour le mari. Et s'il trouve de l'arsenic dans d'autres corps, voire dans chacun d'eux, alors, mon petit Lavalette, nous tenons vous et moi l'affaire du siècle et nos noms entreront à jamais dans les annales de la justice et de la police !

Trois jours après cette décision extraordinaire, le cimetière de Loudun est de nouveau le théâtre de scènes macabres. On y voit des cercueils rongés par le temps livrer leur magma informe et puant de restes humains. Des journalistes venus de la France entière sont présents, car l'exhumation de tant de corps pour une seule et même enquête est un fait sans précédent.

Cette fois, il faut plusieurs brouettes pour transporter les bocaux et c'est par le train qu'ils sont acheminés à Marseille dans le laboratoire du professeur Peccoux. Tous les regards convergent désormais sur cet homme qui passe alors pour un expert de premier plan. On attend de lui la « vérité », celle qui ne se discute pas, qu'on ne conteste pas : *la vérité scientifique*.

Quelques jours passent. Le verdict des bocaux tombe enfin. Les analyses ne laissent aucun doute : tous les corps contiennent de l'arsenic.

Lavalette et le juge sont aux anges. Ils la tiennent, la grande affaire de leur carrière.

– Probablement sur les conseils du notaire

Demeule, l'accusée a pris Vidal comme avocat, mentionne le policier. Je vois d'ici sa tête quand vous lui aurez communiqué ces résultats...

– Tout doux, mon bon Lavalette, tempère le juge. Ne nous emballons pas. Pour l'heure, nous sommes seuls à détenir les conclusions du professeur. Alors nous allons les garder pour nous un petit moment...

– Mais la procédure ne prévoit-elle pas que...

– Je connais la procédure, mon jeune ami. Mais il est des situations extrêmes où il faut savoir faire preuve d'audace. Nous sommes devant l'un de ces cas. Pour être clair, sachez que je préférerais de beaucoup que nous soyons en mesure de transmettre à la défense, l'excellent maître André Vidal en l'occurrence, non seulement les rapports d'expertise accablants mais en prime les aveux de la femme Besnard. Ainsi, le dossier serait bordé. Vous me comprenez ?

– Oui, certes. Enfin, je crois...

– Vous êtes un très bon policier, Lavalette, mais vous êtes encore un peu tendre. Question d'âge et d'expérience. Suivez mon raisonnement, mon vieux : que fera Vidal en découvrant les expertises de Peccoux ? Il contre-attaquera en réclamant une contre-expertise. Classique. Or, si en même temps que ces documents nous lui fourrons sous le nez les aveux de sa cliente, sa demande de contre-expertise se transforme en pétard mouillé, en manœuvre dilatoire, ce qui ne pourra que nuire aux intérêts de sa mandante. Donc il s'en abstiendra.

Lavalette ouvre de grands yeux.

– Évidemment, vu sous cet angle... Mais comment comptez-vous procéder pour obtenir les aveux ?

– En prenant de vitesse Vidal. Demain, nous sommes dimanche. Vous vous rendez à la prison et vous fourrez sous le nez de la Besnard quelque chose qui pourrait être le titre et l'accroche d'un article à paraître lundi. Un truc du genre : « Tous les corps bourrés d'arsenic », « Marie Besnard, le monstre du siècle », « La bête fauve du Poitou », « La Bonne Dame assassine tous les membres de sa famille », « Après la Bête du Gévaudan, la Bête du Poitou »... Bref, vous voyez, mon ami, inutile de faire dans la dentelle ! Il faut qu'elle craque. Donc vous lui mettez ça sous les yeux et vous lui fourguez le chantage habituel : les aveux contre la guillotine. Elle reconnaît les faits, elle sauve sa tête. Elle persiste, on lui coupe le cou. Demain dimanche, Vidal ne traînera pas à la prison. Il sera rentré chez lui. Et moi je serai chez moi. Je veux que tout soit bouclé avant midi, et je vous attends pour l'apéro à la maison. Voilà. On y va ! Et dès lundi, nous serons vous et moi les deux héros de la presse nationale, voire mondiale !

Ce samedi après-midi, les journalistes venus de Paris s'apprêtent à prendre le train pour regagner la capitale. Ils ont fait du Terminus, le café situé face à la gare, une manière de quartier général. Ils sont tous là, à discuter de l'affaire et du métier qui, c'est bien connu, n'est plus ce qu'il était, etc.

Le grand Armand Laferrière fait entendre le son de sa voix au-dessus des autres, comme de coutume. Il a hâte de monter dans le train, la perspective de passer un dimanche en province lui étant proprement insupportable. La jeune Simone Rabier le charrie à cause de cela, justement.

– C'est très bien, le dimanche en province, s'amuse-t-elle. Il ne se passe rien et cela permet de réfléchir sur soi. Enfin, je parle pour ceux qui sont encore capables de réfléchir...

– Toi, la gosse, fait mine de s'emporter le grand aîné, tu parleras quand tu ne téteras plus ta mère...

À cet instant, le serveur, combiné de téléphone en main, appelle Laferrière.

– C'est pour vous.

– Un casse-pieds, sans doute ! Demande-lui son nom et remets-moi un Picon.

Le garçon obtempère, demande à l'interlocuteur de se présenter. Puis, s'adressant de nouveau au journaliste :

– Lavalette. Il dit qu'il s'appelle Lavalette...

– C'est bon, je prends.

Sur le moment, Simone ne réagit pas. La conversation téléphonique est brève. Après avoir raccroché, M. Armand reste silencieux trois bonnes minutes, ce qui ne lui ressemble guère. Il boit son Picon, fouille dans la poche intérieure de sa veste. Simone le voit en sortir un petit rectangle cartonné, son billet de train. Distraitement, il le déchire et l'abandonne dans le cendrier devant lui, sur le bar. Un déclic se produit à la seconde dans l'esprit de la jeune reporter. Laferrière renonce à prendre le train. Il reste donc à Poitiers. Et s'il reste à Poitiers, lui qui déteste les dimanches en province, c'est qu'il va se passer quelque chose d'important. Un événement lié à l'enquête, c'est évident, puisque c'est à la suite de l'appel de Lavalette que le célèbre rédacteur a pris la décision de ne pas partir.

Intriguée, Simone quitte le café, trop bruyant pour qu'elle puisse y réfléchir. Sur le trottoir, elle rencontre maître Vidal qui, lui aussi, s'apprête à prendre son train. Bel homme, l'avocat ne saurait être insensible au charme de la fort jolie reporter. Très à l'aise, il l'aborde, lui propose de boire un verre au buffet de la gare. D'emblée, Simone comprend le parti qu'elle peut tirer de la situation.

– Je vous livre une information de première importance et en échange vous me donnez la primeur des arguments de la défense, lâche-t-elle sans ambages.

– Comme vous y allez, ma belle. Mais c'est OK. Que révèle-t-elle cette info ? Que vous êtes la plus ravissante journaliste de France et de Navarre, mais ça je le sais déjà...

– Si j'étais vous, maître Vidal, je ne partirais pas. Je resterais ici demain. Oui, demain dimanche. Je crois qu'il va se passer quelque chose d'intéressant. Laferrière est dans le coup et c'est Lavalette en personne qui l'y a mis.

– Ouah, s'extasie l'avocat. Vous êtes géniale ! Ils vont tenter un truc demain, un coup de Jarnac, je le sens. Oui, c'est certain. Ou bien ils vont sortir ma cliente de sa cellule pour la mettre sur le gril en mon absence, ou bien ils essaieront de la cuisiner sur place. Lavalette a appelé Laferrière pour lui filer la primeur du résultat de la manœuvre et pour qu'il puisse la sortir dès son édition de lundi matin. Avec bien sûr, une belle et grande photo de notre ambitieux policier à la une. Un honnête marché, somme toute... Que faites-vous demain ? Est-ce que planquer dans les parages de la prison dissimulée dans une voiture de location vous paraît une occupation convenable ? En ma compagnie, cela va sans dire ?

– Planquer des heures est la base même du métier de reporter, accepte Simone, charmeuse.

– Fort bien. Et pour ce soir, quel est votre programme ?

– Je dîne avec vous, puisque vous me le proposez si gentiment.

Le lendemain, peu avant dix heures, l'inspecteur Lavalette arrive à la prison. Au bout de la rue, avachis dans une Aronde depuis plus de deux heures, Simone et Vidal s'ébrouent.

– Le voici, notre joli coco, se réjouit l'avocat. Travailler même le dimanche, quelle conscience professionnelle... Bon, j'y vais. Vous m'accompagnez jusqu'à la porte de la prison. La présence d'une journaliste à mes côtés ne peut que les inciter à ne pas me mettre de bâtons dans les roues.

– Maître Vidal, défenseur de Mme Marie Besnard, se présente l'avocat. Vous devez m'ouvrir et me laisser voir ma cliente. Sinon, je considérerai que vous faites obstacle aux droits de la défense.

– Je dois en référer à la surveillante-chef, se défausse la gardienne de porte.

– Déférez, mais faites vite.

Quatre minutes plus tard, l'avocat est admis à pénétrer dans le bureau même de la chef, car c'est là que l'inspecteur Lavalette a décidé de jouer sa comédie du chantage à la guillotine. Marie est assise sur une chaise, la mine défaite. Elle tient entre les mains le prétendu fac-similé de l'article de presse la présentant comme un monstre et titré : « L'affaire de Loudun : tous les corps bourrés d'arsenic ». Vidal le lui prend, le plie et le glisse dans sa poche.

– Pièce à conviction numéro un, ironise-t-il. Soit ce papier est un vrai article, et dans ce cas le juge et vous-même, Lavalette, vous vous êtes rendus coupables d'avoir transmis des pièces d'instruction – les résultats des analyses en l'occurrence – à la presse avant même de les avoir communiquées à la défense ! Bévue considérable. On frise la forfaiture. Soit ce torchon est un leurre destiné à manipuler ma cliente et alors il y a faux, usage de faux, recours à des moyens frauduleux en vue d'extorquer des aveux, et j'en passe... Dans les deux cas, je ne donne pas cher de votre avenir dans la police, ni de celui de notre bon juge dans la magistrature. Quant à se voir couronné un jour de la Légion d'honneur, mieux vaut reléguer cet espoir au rayon des chimères d'adolescence.

– J'ai parfaitement le droit d'interroger la femme Besnard, résiste le policier. J'ai reçu une commission rogatoire dans ce sens. Quant à ce papier, il est arrivé en ma possession par des voies que j'ignore et si les informations qu'il contient relèvent de fuites, ce n'est pas ici qu'elles se sont produites. Entre Marseille, le laboratoire de Peccoux et le palais de justice, les opportunités n'ont pas manqué, je présume.

– Fort bien, match nul balle au centre, se satisfait Vidal. On en reste là, inspecteur, d'accord ?

– Ma foi oui.

L'avocat pose sa main sur l'épaule de l'accusée qui lève sur lui un regard de petite fille perdue.

– Marie, écoutez-moi bien. Vous ne devez plus dire un seul mot à quiconque en dehors de ma présence, c'est compris ?

La détenue hoche la tête.

– Je veux bien, moi. Mais ils disent qu'ils vont me couper la tête si je me tais, alors je ne sais plus, moi...

– Pas un mot, Marie. Vous m'entendez, pas un mot ! Et je prends bonne note de ce que vous venez de me confier : l'inspecteur Lavalette vous menace de la guillotine pour vous arracher je ne sais quel mensonge qui vous perdrait !

– Eh là, je ne menace personne, moi...

– Lavalette, que je ne vous y reprenne pas ! tonne Vidal, se faisant très cabot.

– Mais elle ment ! D'ailleurs elle ment en permanence. Je lui ai dit la simple vérité, à savoir que les charges retenues contre elles sont passibles de la peine de mort et que les juges et les jurés se montrent d'ordinaire plus indulgents lorsqu'il y a aveux et repentir. Je ne vois pas dans ces propos la moindre ombre de menace. Quel toupet, quelle mauvaise foi !

Vidal croise alors le regard de sa cliente. Il y perçoit une étincelle de malice qui pourrait donner raison à Lavalette. Aucun doute, la bête et coriace. Et rusée, avec ça. Pour l'heure, l'avocat préfère ne pas y penser.

– Bien, affaire réglée, se hâte-t-il de conclure. Bon dimanche tout de même, monsieur l'inspecteur. Et saluez donc pour moi monsieur le juge d'instruction.

– Je n'y manquerai pas. Bon dimanche à vous, mon cher maître.

Quarante-huit heures plus tard, les résultats du professeur Peccoux sont portés à la connaissance du public. Les journaux font leur une sur les douze cadavres porteurs d'arsenic, les radios diffusent des flashs spéciaux et la RTF, qui en est à ses balbutiements, se contente d'images fixes de Loudun et de celle qu'on surnomme déjà « la sorcière aux douze meurtres », « l'empoisonneuse du siècle » ou encore « le démon femelle ».

L'émotion est à son comble dans tout le pays. La consternation le dispute à la haine. Partout, jusque sous les fenêtres de la prison de Poitiers, on crie vengeance.

– À mort, la sorcière ! À l'échafaud, la Besnard ! Pas de pitié pour l'ange de la mort ! Au bûcher, la putain au Boche !

Les journalistes, Simone en tête, assistent à ces débordements hystériques et les commentent du mieux qu'ils peuvent. Certains s'empressent de hurler avec les loups, quand ils ne se font pas un malin plaisir d'en rajouter. D'autres, les plus nombreux, s'efforcent de respecter une certaine forme d'objectivité. Quelques-uns enfin, fort rares, au premier rang desquels Simone, tentent de défendre bec et ongles le principe de la présomption d'innocence.

« L'inculpation n'est pas la condamnation, ne cesse de répéter la jeune reporter dans ses chroniques radiodiffusées, et la liste des affaires criminelles au cours desquelles des expertises ont été contredites et annulées par d'autres examens est sans fin. Marie Besnard a à répondre de charges lourdes, ceci est un fait, mais elle ne cesse de clamer son innocence et hormis ces résultats d'analyses, qui restent à confirmer ou infirmer au moyen d'autres études, les enquêteurs reconnaissent ne disposer d'aucune preuve matérielle indiscutable, concrète. Quant aux témoignages accablants, tout individu de bonne foi ne peut ignorer qu'ils émergent du néant fort à propos pour nourrir l'accusation alors que, jusqu'à l'incarcération de Marie Besnard, ils se cantonnaient dans le registre des vagues rumeurs de clocher. »

La croisade de Simone est méritoire. Mais, comme se plaît à le seriner Armand Laferrière à tout propos, cela revient à prêcher dans le désert ou plus précisément, pour respecter la formulation qui a sa préférence, « à pisser dans un violon ».

Mais la haine dont l'opinion accable Marie ressemble trop à celle, ignoble et injuste, dont sa mère a été l'innocente victime sous l'Occupation pour que la jeune femme renonce.

– Moi, je continue à la croire innocente, répètet-elle à l'envi ce soir-là, lors d'une de ces réunions informelles qui rassemblent les gens de presse le soir, au café du Terminus. Sur les douze personnes que Marie aurait supprimées, huit sont mortes à plus de soixante-dix ans, la plupart au cours d'épidémies diverses et pendant la période noire de la guerre, quand on manquait de tout et qu'on avait d'autres chats à fouetter que de se soigner convenablement. De plus, une neuvième, la sœur de Léon, Lucie est répertoriée comme suicidée...

– Oui, mais tu te gardes bien de préciser que dans ses restes aussi on a décelé des doses suspectes d'arsenic, persifle Armand Laferrière. Tu as beau être belle comme le jour, ma petite Simone, tu ne me feras pas davantage avaler ta soupe que ta Marie ne pourrait me faire ingurgiter la sienne !

– Justement, renchérit la journaliste, si on a trouvé de l'arsenic dans le corps de Lucie alors qu'elle est morte pendue, cela peut très bien indiquer que le poison se trouve à l'état naturel dans la terre du cimetière.

– Mais bien sûr ! éructe M. Armand. Si on t'écoutait, de l'arsenic on en détecterait à la tonne jusque dans le bac à sable du jardin d'enfants. C'est un peu facile !

– La question n'est pas de savoir si c'est facile, mais si c'est possible ! fronde Simone. Et cette interrogation-là, messieurs les enquêteurs ne semblent pas pressés de se la poser sérieusement.

– Ah, écoutez-la, mademoiselle la raisonneuse ! À présent, elle donne des leçons d'investigation à des policiers hors pair et à un juge d'instruction qui passe pour l'un des plus efficaces de sa génération. Allons, tu ferais mieux de te taire, mon petit. Tiens, je te paie une limonade et je te donne cent sous pour aller faire un tour de chevaux de bois. Tu reviendras quand tu seras calmée.

– Oh, ça va, monsieur Armand, je ne suis plus tout à faire une gamine, quand même !

– C'est vrai, se reprend le fort en gueule. Je te présente mes excuses. D'ailleurs le jeune et séduisant maître Vidal ne commettrait pas l'imprudence de verser dans le détournement de gamine... pardon, de mineure ! Il semble que ça marche bien, tous les deux. Et pas seulement sur le plan de la défense de votre chère Marie, à ce qu'on dit...

– Et moi, tu sais ce que je te dis, Laferrière ? Cela tient en cinq lettres et ça porte bonheur quand on marche dedans !

M. Armand blêmit. Il ne n'attendait pas à ce que la jeune fille se permette de le tutoyer et surtout pas à ce qu'elle lui parle sur ce ton. Pour une fois, il reste sans voix.

– Cela s'arrose ! ricane un confrère.

Au fond de la salle, quelqu'un applaudit la jeune femme. Lentement, espaçant chaque frappe, comme pour lui donner plus de poids. Tout le monde se retourne. C'est André Vidal qui vient de faire son entrée. Simone le rejoint et ils sortent tous les deux, main dans la main.

Le soir tombe. Le mois d'août touche à sa fin. Les jours raccourcissent mais la douceur demeure.

– J'ai surpris la fin de ta plaidoirie en faveur de Marie, confie le jeune homme. Bravo, c'est plutôt convaincant.

– Alors pourquoi tires-tu une mine pareille ? Tu portes sur le front le pli des mauvais jours...

– Les experts auxquels nous avons soumis le dossier des biens et avoirs de ma cliente sont formels. Ils ont tout décortiqué, ils ont mis en parallèle les dates de mutations, de donations, d'héritages avec les événements à charge. Hélas, le résultat est accablant. Pour simplifier, on peut dire que pour chacun des douze décès le mobile de l'intérêt matériel et de la cupidité tient parfaitement la route... Et ça, tu vois, ma belle amie, c'est très ennuyeux. Mais il y a autre chose de tout aussi inquiétant : les conclusions des experts psychiatres. « Intelligence normale mais pensée peu évoluée. Émotivité quasi inexistante », concluent-ils. Ils la considèrent « peu influençable, hypocrite et menteuse ». Je vois d'ici la réaction des jurés en entendant ces mots : « hypocrite et menteuse » !

La jeune fille s'arrête sur le trottoir, oblige son ami à lui faire face. Elle lui sourit, enjôleuse.

– Moi, je te trouve encore plus séduisant quand tu donnes dans le ténébreux et le soucieux. Est-ce un mobile suffisant pour que je passe à l'acte ? En t'embrassant par exemple... Pour commencer, bien sûr.

– Ici, sur ce trottoir ?

– Pourquoi pas. Si on nous met en taule pour attentat à la pudeur, nous serons plus près de Marie pour assurer sa défense. Non ?

17

EN DÉSESPOIR DE CAUSE

– À mort l'empoisonneuse ! La Besnard à la guillotine ! Justice pour les victimes ! Vengeance !

– Voilà que ça recommence, s'exaspère Marie au fond de sa cellule. Pourquoi les laisse-t-on venir hurler jusque sous les fenêtres de cette prison ?

Marylou allume une cigarette et, indolente, vient s'asseoir au bord de la bannette où Marie est étendue.

– Je sais ce que tu ressens, compatit la Marseillaise. Ces cris, tu ne peux plus les supporter. Ils te font mal, ils te percent les tympans et te nouent les tripes. C'est bien normal. Mais on ne peut pas opposer grand-chose au peuple quand il est en furie.

– En furie contre moi ? Mais c'est de la folie !

– Il serait temps que tu ouvres les yeux, ma grande. Le peuple veut ta tête, et ces messieurs vont la lui offrir sur un plateau. Tu as douze cadavres sur les bras, et peut-être même un treizième puisqu'on raconte qu'ils ont trouvé aussi de l'arsenic dans le corps de ton premier mari. Pour lui, coup de pot dans ton malheur, il y a prescription. Il est cané depuis trop longtemps. Mais quand même, ça fait désordre, ce treizième cadavre ! Et puis ce nombre-là ne porte pas bonheur, c'est connu... Ah, ça sent de plus en plus mauvais pour toi, ma pauvre Marie. Nous sommes de bonnes copines toutes les deux, alors je vais te parler en amie : je ne vois pas comment tu pourrais t'en tirer aux assises, face à un jury populaire. Il décidera ce que souhaite la rue. Au couperet, la salope !

– Je t'en prie, retiens-toi un peu !

– On cause en bonnes camarades ou on se vautre dans l'hypocrisie ? Faut savoir, ma belle... Bien, je disais, aux assises, je te vois mal partie. Il y a un truc, une bêtise que le jury « populaire » ne laissera pas passer et qui pèsera drôlement lourd dans la balance...

– Je ne t'écoute plus. Je suis innocente, je n'ai pas à entendre tes sornettes.

– Des sornettes ? Tends l'oreille, écoute la meute des loups assoiffés de sang ! Des sornettes ? Tu sais ce qu'il ne te pardonnera jamais, le jury dit « populaire » ? Non ? Eh bien c'est l'histoire du cabot. Oui, le chien que tu as liquidé avec du poison ! Les vieux chnoques passés de vie à trépas à point d'âge ça pourrait passer, mais le clebs non !

Un truc pareil, ça te monte un jury en moins de deux !

– Pour le chien, je ne dis pas. Je venais de perdre papa, il fallait que je m'occupe de maman. Je n'ai pas réfléchi, j'ai fait comme j'ai pu. Je sais, j'ai commis une belle boulette...

Marylou éclate de rire, ce qui la fait tousser à cause des deux paquets de cigarettes qu'elle grille chaque jour.

– Eh, ma jolie, la boulette c'est plutôt le clébard qui se l'est farcie !

Marie consent à rire.

– À la bonne heure ! Je commençais à me demander si tu savais rigoler.

– Je n'en ai pas envie, pourtant. À t'écouter, je suis perdue. Pourtant mon avocat me dit que...

– Ton bavard t'a fait passer d'un meurtre sur le paletot à douze en moins de temps qu'il n'en faut pour le dire et tu lui accorderais encore ta confiance ? Il te raconte des conneries, voilà. Il est là pour s'offrir de la réclame sur ton histoire parce que tu es à la une de tous les canards chaque matin. Voilà la vérité. Tu n'as rien à attendre de lui ni d'aucun autre de son espèce et tu serais bien inspirée d'employer ton oseille à des choses plus utiles, et surtout plus efficaces.

– Est-ce que j'ai le choix ? s'emporte Marie, à bout de nerfs. Tu en as de bonnes, toi. Si tu as une meilleure solution, donne-la, je t'écoute !

Marylou sent qu'elle touche enfin au but. Elle

va jeter sa cigarette dans le lavabo et revient s'asseoir près de Marie.

– Ouvre bien tes esgourdes, ma fille. Et ne m'oblige pas à répéter. Ce que je vais te proposer, tu ne l'entendras qu'une fois, une seule, tu comprends ?

– Ben oui, je ne suis pas une demeurée.

– C'est pas tout. Tu dois me jurer que, quoi que tu décides, tu n'en souffleras mot à personne ! Jure-le-moi sur ta tête !

– Jurer sur ma tête par les temps qui courent, c'est tenter le diable, non ? J'aimerais autant m'en dispenser.

– Alors jure-le sur celle de la personne la plus chère à ton cœur... Ton Boche, par exemple.

– Oui, sur la tête d'Ady je veux bien. Vas-y, je t'écoute.

– Ah, ben voilà. Maintenant, je sais ce que je cherche à débrouiller depuis le début : tu couchais avec lui.

– Arrête ça. Explique-moi plutôt comment je dois m'y prendre pour m'en tirer !

– À Marseille, j'ai des relations. Les Paoli. Ce sont des caïds, des gonzes de ton calibre, quoi...

– Pardon ?

– Ben oui, avec douze cadavres au compteur, on peut te ranger dans la catégorie « caïd », l'aristocratie du crime, comme on dit dans les baveux. D'ailleurs c'est mieux pour toi, parce que les Paoli ne remueraient pas le petit doigt pour un Mimile, tu comprends... Tu me laisses prendre contact avec eux et ils te sortent de là en moins de deux. En prime, ils règlent leur affaire à ceux qui t'ont trahie, la Pinson et l'Auguste. Je sais que tu as le fric qu'il faut pour payer le travail et ce sera de la belle ouvrage, crois-moi ! Qu'en dis-tu ?

– Comme tu le racontes, ça a l'air facile... Ils me sortent d'ici, et après qu'est-ce que je deviens ?

– T'inquiète ! Ils te font passer à l'étranger, et comme tu as de quoi te retourner, tu vis sur tes rentes dans une chouette contrée avec un nom d'emprunt et des fausses moustaches ! Pour les moustaches, je plaisante... Regarde les choses en face, ma grande : c'est sauter le pas ou passer sous le couperet de ces messieurs. Tiens, écoute encore la rue. Ils la veulent, ta peau ! Et ils l'auront si tu ne te remues pas les fesses.

– Bon, je vais voir. Cela mérite réflexion.

– Réfléchis, mais pas trop longtemps.

– Combien ?... Combien d'argent faudra-t-il que je verse ?

– Tu verras ça avec les Paoli quand vous serez tombés d'accord sur le reste.

– C'est tentant, bien sûr. Je suis tellement déprimée, au bout du rouleau... Et puis si plus tard ils me remettent la main dessus, ce qui aura été pris de liberté aura été autant de gagné, et ils ne me couperont pas la tête deux fois...

Marylou sent le poisson ferré. Alors elle se dit que le moment est venu de jouer la carte décisive.

– Tu n'as qu'une petite formalité à remplir. Tu écris un mot aux Paoli dans lequel tu reconnais ta culpabilité. Tu n'as pas besoin de donner des détails. Tu écris simplement un truc du genre « eh ben oui, c'est moi ». C'est pas plus compliqué que ça !

– Jamais de la vie ! Jamais je n'écrirai jamais une chose pareille puisque je n'ai rien fait. Combien de fois faudra-t-il que je te répète que je suis innocente ? *In-no-cen-te* ! Tu saisis ?

– Alors adieu, ma belle. J'aurai tout tenté pour te sortir de là...

– Oui mais tout de même, écrire ce que tu me demandes...

– Je ne te demande rien, moi. Mets-toi à la place des Paoli. Il leur faut une garantie solide pour se lancer dans un tel turbin. Ils risquent gros. Munis de ce papier dans lequel tu reconnais ton implication, ils ont l'assurance qu'une fois dehors, même si par malheur tu devais te faire pincer, tu ne les balanceras pas. Parce que si tu commettais cette folie, ils auraient beau jeu alors de ressortir ton papelard ! C'est l'éternel jeu du « tu me tiens, je te tiens par la barbichette ». Est-ce que c'est si difficile que cela à comprendre, merde ?

– Non, bien sûr... Mais tout de même... Est-ce que tu me laisses jusqu'à demain pour décider ? La nuit porte conseil, à ce qu'on raconte.

– OK pour demain. Mais avant midi. Après, je

ne me souviendrai même pas avoir causé avec toi de l'air du temps. Vu ?

– Vu. Tu peux compter sur moi.

– Et toi sur moi, ma belle. Tu as de la chance, je t'ai à la bonne. Il n'y a pas une fille ici pour qui je bougerais un cil. Même pas pour la grande Thillois ! Elle sait que j'ai des relations haut placées dans le milieu marseillais, alors elle est allée jusqu'à me proposer de coucher avec moi pour que j'intervienne en sa faveur. Coucher, je dis pas non une fois par-ci par-là, on s'encrasse tellement entre ses murs, mais pas avec une courge pareille ! Et surtout pas en échange d'un service aussi délicat et dangereux... Au fait, ma grande, comment il était au lit, ton joli Boche ?

Marie se retourne sur la couchette, visage contre le mur.

– Pense à autre chose, se dérobe-t-elle en riant. Tu vas encore passer une mauvaise nuit. On ne t'a jamais dit que ça rendait sourd ?

– En tout cas, tu m'entends...

– Faut croire, ma mignonne. Faut croire...

Le lendemain, au petit jour, Marie réveille Marylou.

– Donne-moi une feuille de papier. Je vais écrire ce que tu m'as demandé. Je n'ai pas d'autre possibilité. Mais je veux le faire sans attendre, tant que je suis décidée. Si je tarde, je crois que je n'aurai plus le courage.

– Tout de suite, ma belle ! s'empresse d'accepter Marylou sautant du lit. Un papelard et un stylo pour la grande Marie Besnard ! La vedette internationale du crime ! J'ai ça là, dans mon placard. Tu as raison. Il faut battre le fer tant qu'il est chaud.

Marie s'installe à la petite table de bois blanc, sous la fenêtre grillagée et, après une ultime hésitation, se met à rédiger les quelques mots imposés. Sa main tremble mais elle ne renonce pas.

– Voilà, c'est fait. Maintenant à toi de jouer, Marylou, la balle est dans ton camp.

– Et comment ? marmonne la taularde en allumant sa première cigarette de la journée. Aujourd'hui, j'ai parloir avec quelqu'un de confiance. Je me rancarderai sur le moyen de faire passer le billet dans les meilleurs délais. Les Paoli me le feront savoir sous peu. Ce sont des bons. Les meilleurs dans leur genre. Tu en es une veinarde, toi, d'être tombée sur moi dans ce trou à rats. Le destin, sans doute. Oui, la destinée, ta bonne étoile, quoi... Ou la mienne, va savoir !

À peine un quart d'heure après le départ de Marylou pour le parloir, l'inspecteur Lavalette, flanqué de la surveillante-chef et de deux matonnes, fait irruption dans la cellule. Marie pousse un cri. Elle réalise, mais trop tard, qu'elle est tombée dans un épouvantable traquenard. Comment a-t-elle pu être aveugle à ce point ?

Il ne faut pas trois minutes à Lavalette pour mettre la main sur le fameux billet. Il le brandit comme un trophée.

– Cette fois, c'est fini, Besnard. Tu es perdue !

Et, se tournant vers la surveillante-chef :

– Bien entendu, à partir de cette minute, vous me la flanquez à l'isolement. Aucun contact avec les autres détenues ! Je dis bien aucun.

En fin de journée, Marylou reçoit des mains de la chef son avis de transfèrement pour Marseille en vue de son élargissement programmé pour le lundi de la semaine suivante. Juste récompense pour service rendu. Un service proprement ignoble, certes, mais cela ne compte pas dans le contexte de haine du moment.

Ce soir-là, sablant le champagne dans son cabinet en compagnie de l'inspecteur Lavalette, le juge d'instruction, très fier de son stratagème, distille cette formule qui le remplit de bonheur :

– On aura beau dire, ce n'est pas tous les jours qu'un mouton dévore toute crue une louve sanguinaire.

18

CRIME OU DÉLIRE ?

La presse se déchaîne. Les vendeurs de journaux envahissent les terrasses des cafés, les halls de gares et les marchés en criant : « Sensationnel : L'empoisonneuse de Loudun passe aux aveux ! » Tous les articles reprennent la dernière phrase du billet saisi par Lavalette dans la cellule de l'accusée : *« Je suis suis coupable. »* Le fait que le mot *« suis »* soit répété deux fois ne trouble guère les journalistes qui expliquent cette répétition par la fébrilité de Marie au moment d'écrire cette confession dont les conséquences risquent d'être terribles pour elle.

Seule Simone échappe à ce consensus hâtif. Malgré les arguments de ses confrères, elle continue de se poser des questions à propos de cette anomalie.

– Je ne sais pas pourquoi, mais cette espèce de bégaiement de la plume me met mal à l'aise, confesse-t-elle à Vidal.

– Bégaiement ou pas, peste l'avocat de fort méchante humeur, ta Marie nous en a fait une belle en griffonnant ce torchon. Lavalette et le juge pavoisent, et moi je rame comme un dingue pour trouver une parade. Contre une attaque pareille, il faut faire donner l'artillerie lourde. Il se trouve que j'ai rencontré maître Gabard dans le train, la semaine dernière. Je lui ai parlé de l'affaire. Il m'a paru s'y intéresser et je pense proposer à Marie de le prendre comme défenseur à mes côtés.

– Gabard ? Le ténor du barreau, l'avocat de l'affaire Stavisky ?

– Lui-même. Nous devons reprendre la main dans ce dossier et tout est bon. Le nom de Gabard fera l'effet d'un électrochoc dans l'opinion publique... Du moins je l'espère. Sinon, c'est à désespérer.

– Comment Marie explique-t-elle la répétition de *« suis »* ? questionne Simone, obnubilée par la redite.

– Est-ce que je sais, moi ? s'énerve Vidal. Je ne l'ai pas vue plus de dix minutes depuis ce coup de poignard qu'elle m'a donné dans le dos. Elle est sous le choc et c'est à peine si elle accepte de me parler. Elle se sent morveuse. Bien sûr il me sera assez facile, au procès, de démontrer que la codétenue placée dans la cellule de Marie était un mouton qui, en échange d'une remise de peine, avait pour mission de piéger ma cliente, mais l'accusation aura beau jeu, elle, de balayer l'argument en faisant valoir l'essentiel, à savoir que c'est effectivement Marie qui, de sa main, a rédigé des aveux.

– Et si elle avait voulu écrire « je suis pas coupable » et que, après coup, le mouton dont tu parles, ou quelqu'un d'autre, avait maquillé la négation en la transformant en ce fameux doublement du *« suis »* ?

Brusquement, Vidal s'apaise. Il reste quelques secondes pantois, comme sous le coup d'une révélation extraordinaire. Un grand sourire illumine son visage et il vient déposer un baiser sur le front de son amie.

– Je ne sais pas si tu as raison ou non, s'exalte-t-il en attrapant sa veste et en se dirigeant vers la porte de la chambre, mais je te garantis que c'est ce que Marie prétendra avoir voulu faire ! La bonne version, tu viens de me la fournir. Que deviendrais-je sans toi ?

Simone le retient par la manche.

– Tu te fous de moi, ou quoi ? s'emporte-t-elle. Je m'en voudrais de t'avoir « fourni » quoi que ce soit pour trafiquer la vérité... Je ne faisais qu'émettre une hypothèse et je t'interdis de courir la mettre dans la bouche de ta chère cliente, tu m'entends !

– Tu m'assommes, avec tes grands principes et tes scrupules à vingt sous ! Moi j'ai un dossier à faire tenir debout et une accusée à sortir du bourbier dans lequel elle s'est fourrée elle-même. Le reste, je m'en bats l'œil.

– Pas moi. Et c'est là tout ce qui nous différencie, toi et moi. Et qui peut-être nous séparera un beau jour. Au fond, pour toi tout cela n'est qu'un jeu, un match qu'il faut gagner, et tous les coups sont permis. Moi, j'ai une autre conception de...

Simone se tait. À quoi bon poursuivre ? La porte vient de se refermer sur le jeune homme qui file vers la prison afin de dicter à Marie ce qu'elle doit dire désormais sur son malencontreux billet.

Un instant décontenancée, la jeune femme reprend la lecture des journaux du jour là où elle l'avait laissée. Bientôt, une idée lui traverse l'esprit. Ces prétendus aveux ne sonnent-ils par l'heure de gloire pour la principale accusatrice de Marie, la fameuse Louise Pinson ? Aussi, ne serait-ce pas un bon coup journalistique que de l'interviewer à chaud, dans l'euphorie de ce qui doit être à ses yeux une victoire ?

Dès les premiers mots, Louise Pinson tient à montrer qu'elle ne s'en laissera pas conter.

– J'ai écouté vos commentaires à la TSF, mademoiselle. Je ne vous fais pas mes compliments. Vous défendez la Besnard. Elle vous a mise dans sa poche, vous aussi. C'est qu'elle sait y faire, la madrée ! Mais je suppose que vous vous trouvez aujourd'hui dans l'obligation de verser de l'eau dans votre vin ! Enfin elle avoue ses crimes, votre chère amie !

Simone passe l'assaut par pertes et profits. Elle n'est pas là pour débattre mais pour glaner des informations nouvelles sur le dossier et recueillir un témoignage capital.

Cependant, l'affaire s'engage mal.

– Je refuse de parler dans votre micro, se défile la Pinson. Mais j'accepte de causer avec vous si vous le souhaitez, à titre privé. Vous m'avez plus ou moins fait passer pour une illuminée ou une garce et je veux vous montrer que vous vous êtes trompée. Je n'ai pas agi à la légère en mettant en cause Marie, contrairement à ce que vous insinuez. Et je ne me suis pas amusée à en rajouter, comme on m'en a accusée. Loin de là ! Je dirais même que je me suis limitée au minimum ! Oui, mademoiselle, car j'en sais encore beaucoup sur les Besnard. Des choses bien cachées, que je n'ai encore jamais évoquées et que je ne livrerai que contrainte et forcée. Si je racontais tout ce que je sais publiquement, je ne ferais qu'enfoncer plus encore votre protégée !

– Marie n'est pas ma protégée. Et pour ce qui est de l'enfoncer, je crois que le plus gros est fait.

– Quand vous aurez entendu ce que j'accepte de vous révéler, à vous et à vous seule, vous changerez d'avis. Sur moi d'abord, mais pas seulement. Vous regarderez aussi d'un autre œil les relations qui existaient entre Léon et Marie. Dans vos chroniques, vous ne cessez de les présenter comme un couple uni, harmonieux, bref comme des gens qui s'aimaient. Voilà l'impression que cherche à donner Marie, mais comme elle n'a cessé de le faire tout au long de sa vie elle trompe son monde, elle ment, elle joue la comédie. Moi, je suis bien placée pour savoir que leur entente n'était pas au beau fixe, mais alors pas du tout !

– Vous dites que vous étiez aux premières loges parce que Léon était votre amant ?

– Je ne vous permets pas de salir sa mémoire, mademoiselle. Je suis la mieux placée parce que – vous semblez l'oublier – avant toute cette affaire Marie et moi avons été les meilleures amies du monde. J'ai reçu d'elle des confidences que personne d'autre n'a eues. De terribles secrets. Je souhaite vous les dévoiler parce que je tiens à ce que vos yeux se dessillent et qu'enfin vous voyiez clair dans cette histoire.

Simone de ranger son micro et son magnéto, puisque la conversation doit rester confidentielle.

– Oui, mademoiselle, Léon et Marie ne s'entendaient plus depuis plusieurs années... La veille de leur départ pour les Liboureaux, quelques jours avant la mort de Léon, Marie est venue se confier. Elle m'a raconté que, le soir précédent, une scène avait éclaté entre elle et son mari. Elle m'a dit aussi que cela se produisait de plus en plus souvent et que maintenant elle commençait à avoir peur. Je lui ai répondu :

» – Si vous ne pouvez plus vivre ensemble, séparez-vous ! Le divorce, ce n'est pas fait pour les chiens.

» – Hélas, c'est impossible, a soupiré Marie. Croyez bien, ma chère Louise, que ce n'est pas parce que je craindrais que vous ne preniez ma place que je m'y refuse, mais pour des raisons autrement plus graves !

» – Comment cela, autrement plus graves ? Vous m'effrayez.

» – Entre Léon et moi existe un terrible secret qui nous lie jusqu'à la mort. Il faut que je vous raconte, Louise. Oui, il est temps que je me libère de ce fardeau... Un soir, en pleine guerre, rentrant à la maison, j'ai trouvé Léon prostré sur une chaise. Je lui ai demandé ce qui n'allait pas. Il m'a regardé un moment sans rien dire, puis il m'a invité à le suivre dans la remise. Il faisait nuit. Nous avons pris une lampe à pétrole pour nous éclairer et au fond du bâtiment, dans la lueur tremblante, j'ai découvert l'horreur : le corps sans vie de Lucie. J'ai poussé un cri et, quand j'ai repris mes esprits, j'ai demandé à Léon ce qui s'était passé.

» – Elle m'a poussé à bout et j'ai eu un coup de sang, m'a-t-il avoué, piteux. Pendant que tu n'étais pas là, elle est venue me trouver et elle m'a accusé d'avoir volé un coffre que mon père aurait enterré voilà des années dans la deuxième cave, celle qui se trouve sous la première. Elle a passé plusieurs heures à creuser au piochon et à la main les recoins de ce réduit. Elle n'a rien trouvé, alors elle m'est tombée de dessus. Elle braillait que je l'avais escamoté. Mais ce foutu coffre, personne ne l'a jamais vu et je crois qu'il n'a jamais existé. C'est une fable qui est née à cause de mon père qui disait tout le temps : « Les sous, c'est pas à la banque qu'il faut les mettre à l'abri, mais dans un bon coffre au fond d'une cave. » Et elle, la Lucie, elle y a cru dur comme fer. Les sous ça la rendait folle, alors elle est venue m'asticoter avec cette salade et moi j'ai vu rouge. J'ai voulu la faire taire, je l'ai attrapée au cou et j'ai serré. Elle a glissé par terre et, quand je me suis penché sur elle, j'ai bien vu qu'elle ne respirait plus. Elle était morte.

» – Bon sang, Léon, tu nous a mis dans un sacré pétrin...

» – Qu'est-ce qu'il faut faire à présent, Marie ? Moi, je ne sais pas. Je suis perdu. Tu crois que je devrais aller me rendre aux gendarmes ? Après tout, il s'agit d'un accident, non ?

» – Jamais de la vie ! Pour que ces messieurs viennent fourrer leur nez dans nos vies et dans nos affaires, merci beaucoup ! Non, pas de ça. On va se débrouiller nous-mêmes. Pour commencer on va la transporter chez elle, et là on avisera. Tiens, secoue-toi et prends cette brouette. On va la mettre dessus et la recouvrir avec une bâche. Il fait nuit, personne ne nous verra. Tu la roules chez elle... Tu m'entends, Léon ? Réagis, bon sang ! Pendant ce temps, je réfléchis... »

Louise Pinson marque une pause, puis reprend :

– Marie n'a pas eu à chercher longtemps. La bonne idée lui est venue presque tout de suite : puisque Lucie avait été étranglée, il n'y avait qu'à faire passer sa mort pour un suicide par pendaison. Alors ils s'y sont attelés tous les deux, Marie et Léon, et ils ont accroché la malheureuse là où on devait la trouver plus tard, lorsque Léon a fait mine de s'inquiéter pour sa sœur auprès du garde champêtre. Voilà le récit que m'a fait Marie, mademoiselle. Comme je le vois à la mine que vous faites, vous ne vous attendiez pas à cela. Je me trompe ?

– Ma foi non. C'est hallucinant... Vous êtes certaine de ce que vous racontez ?

– Vous n'allez tout de même pas vous remettre à me prendre pour une dingue !

– Mais le médecin a signé le permis d'inhumer. Il a conclu au suicide...

– Après beaucoup d'hésitations ! On était en pleine guerre. On peut supposer qu'il a voulu éviter de faire des vagues. Il se peut aussi que les Besnard lui faisaient peur. Permis ou pas, il reste que beaucoup de ceux qui connaissaient Lucie ont été très surpris par son « suicide ». Elle, si croyante, commettre le péché suprême de se donner la mort ? On a eu du mal à y croire. De plus, les semaines et les jours précédents le drame, rien dans son comportement n'a donné à penser qu'elle pouvait toucher le fond. Et puis se pendre avec son manteau... Et cette terre sur les mains, comme si, en effet, elle avait creusé peu de temps avant de mourir ? Quand on y pense, tous ces détails mis bout à bout donnent à réfléchir, vous ne trouvez pas, mademoiselle ?

Simone, perplexe, hoche mollement la tête. Elle a du mal à intégrer ce qu'elle vient d'entendre.

– Marie et Léon complices d'un meurtre, songe-t-elle à haute voix... Et partant de là, pourquoi ne le seraient-ils pas de plusieurs ? Au fond, les héritages profitaient à l'un comme à l'autre.

– Ah, vous voyez ! se rengorge Louise Pinson. Vous commencez à réviser votre premier jugement. Maintenant, vous la voyez un peu différente de l'image qu'elle donne d'elle-même, la Marie sainte-nitouche. En ce bas monde, il n'y a pas plus comédienne, pas plus menteuse que cette créature ! Tenez, pour Ady aussi elle ne cesse de raconter des histoires. Moi je suis bien certaine qu'elle couchait avec.

– Vous les avez surpris ?

– Heu, non... Non, parce que ce n'est pas mon genre de fouiner. Mais je me suis renseignée sur certaines choses. Pour donner le change, Marie ne cessait de répéter devant Léon, et aussi devant les autres : « Depuis mon opération, je ne suis même plus une femme. On ne m'a pas ôté que des organes, on m'a aussi tué les sens ! » Seulement moi j'ai posé la question à mon médecin, à la clinique, et il m'a assuré que ce qu'elle avait subi ne l'empêchait pas du tout de prendre du plaisir à coucher. Voilà la réalité des choses, mademoiselle...

– Une clinique ? Quelle clinique ?

Louise rosit. Elle s'aperçoit qu'elle en a trop dit.

– Une clinique spécialisée où je me rends encore de temps en temps. Voilà plusieurs années, j'y ai été soignée. J'ai été un peu malade des nerfs, enfin quelque chose dans ce genre-là. Je prends encore des médicaments mais je suis guérie. Tout ça c'est fini. Un mauvais souvenir, rien de plus.

– J'en suis heureuse pour vous, réplique machinalement Simone. Voyez-vous d'autres choses à me raconter sur Marie et Léon ?

Louise, piquée au vif, affecte un air courroucé.

– Comme si je ne vous en avais pas assez dit comme ça !

– Si, bien sûr. Il me reste à vous remercier. Et à prendre congé.

– La Besnard, quand est-ce qu'ils la jugent ? s'enquiert l'ex-grande amie avec gourmandise. Maintenant qu'ils ont des aveux, ils peuvent y aller franco. Moi, ce qui m'intéresse là-dedans, c'est d'entendre ce que le bel Ady racontera enfin. Je parie que la réputation de la sainte-nitouche va en prendre un sérieux coup. Car il faudra bien qu'il le crache devant la cour, qu'il la baisait à tire-larigot, la Besnard. Ah, oui j'ai hâte d'entendre ça. Pas vous ?

Simone préfère ne pas répondre. Elle ramasse ses affaires, se lève et sort sur un distrait « au revoir, madame Pinson. Merci ».

Si cette langue de vipère dit vrai, songe-t-elle en reprenant place dans sa voiture de location, si Marie et Ady ont été amants, il y a fort à parier que ce dernier ne fera pas le voyage de Poitiers pour le procès. Il brillera par son absence pour ne pas à avoir à déballer en public ses histoires de coucherie. Pas seulement par pudeur, sans doute, mais aussi parce que l'aveu de ces galipettes amoureuses risquerait fort d'amener la justice à le considérer comme un possible complice dans l'élimination de Léon. En tant qu'amant de Marie, il pouvait considérer que Léon était un obstacle... et couic, il met la main à la pâte quand il s'agit de liquider le cocu encombrant. Oui, là est le point important : s'il vient à la barre, c'est qu'il n'a rien à se reprocher. Et dans ce cas Marie dit bien la vérité. Mais s'il se dérobe, alors là, c'est une tout autre histoire...

De retour à Poitiers, Simone se rend directement au Terminus. Elle n'a pas envie de rejoindre Vidal si tôt. Depuis l'échange assez vif du matin, elle le boude un peu.

– Où étais-tu passée ? s'enquiert un confrère.

On ne t'a pas vue de la journée. Tu as du nouveau, des trucs intéressants ? Ici, depuis les aveux, il ne s'est rien passé de bien extraordinaire.

– De mon côté non plus. Je n'ai rien appris de captivant. D'ailleurs, je ne me suis pas occupée de l'affaire. J'ai fait un tour à la campagne, histoire de me désintoxiquer de toute cette fange.

Simone aussi – elle doit bien se l'avouer – ment chaque fois que ça l'arrange. Comme le beau Vidal, qui doit être rentré à l'hôtel maintenant. Ce qui fait songer à la jeune femme qu'elle a justement une faveur à lui demander.

À l'hôtel, elle trouve un Vidal nettement plus serein que lorsqu'elle l'a quitté le matin. Étendu sur le lit, il fume une cigarette en feuilletant *L'Équipe*. Simone pose sa sacoche, ôte sa veste et vient le rejoindre. Elle cale sa tête au creux de son épaule.

– Lire des papiers sur le sport, c'est bien, minaude-t-elle, mais pratiquer l'exercice physique c'est beaucoup mieux...

– Ah oui. Je ne vois pas ce que tu veux dire. Pourrais-tu te montrer plus explicite ?

– Explicite, ou convaincante ?

Le soir tombe déjà quand les amants songent à quitter la chambre pour aller dîner.

– Ah, lâche Vidal subitement. J'oubliais : j'ai un truc marrant à te raconter. Marie t'a devancée, ma chère ! Après la découverte du billet contenant ses prétendus aveux, le juge a voulu l'entendre et les premiers mots de Marie ont été pour dire – tiens-toi bien, ma belle ! : « Moi ce que j'ai écrit, c'est "Je suis pas coupable", je le jure. Je ne sais pas ce qu'on a fabriqué avec ça après. Mais moi, je sais ce que j'ai écrit ! Mon... »

Simone ne laisse pas Vidal finir. En chœur, ils déclament le fameux leitmotiv de l'accusée :

– *Mon cœur est pur et j'ai ma conscience pour moi !*

Puis, redevenant sérieuse, Simone se penche sur son ami et lui murmure à l'oreille :

– Pourrais-tu m'obtenir un permis de visite pour la prison ? J'ai besoin de parler à Marie.

L'avocat sourit.

– J'étais certain que tu me demanderais ce service-là à un moment ou à un autre. Ainsi ce n'est pas à mon charme que je devrais ta conquête, mais à ma capacité de te faire bénéficier d'un passe-droit ?

– Pas du tout, et tu le sais très bien. Alors, est-ce possible ou pas ?

Vidal prend le temps de réfléchir.

– En ce moment, je pense que c'est envisageable. Le juge et l'inspecteur font plutôt profil bas. Vis-à-vis de l'extérieur ils pavoisent avec les aveux, certes, mais en vérité ils se savent assez vulnérables sur la manière dont ils les ont suscités. Le coup du mouton dans la cellule et du chantage à la guillotine n'est pas excellent pour eux. Alors, dans ce contexte, le parquet ne devrait pas être trop difficile à amadouer. Réponse demain en fin de matinée : cela te convient-il, ma beauté ?

– Certainement, mon lion superbe et généreux.

– Tu te fous de moi, là... ?

– Juste un peu.

L'entrevue obtenue commence par un long silence. Les deux femmes sont assises de part et d'autre d'une table. Une gardienne se tient derrière la porte à vitre grillagée du petit parloir. Marie a été introduite dans la pièce quelques minutes après Simone et la jeune femme a du mal à dissimuler son émotion en la voyant paraître. Vêtue d'une blouse gris bleu sans forme, le teint pâle, le visage amaigri, les traits tirés et le regard bas, la prisonnière lui semble fragile et lasse.

Comme cela se produit souvent lorsqu'un silence se prolonge, elles ouvrent la bouche en même temps pour le rompre. Cela les fait rire et détend l'atmosphère.

– Que vous êtes jeune ! s'étonne Marie. Et jolie avec ça. Votre ami maître Vidal me tient au courant de ce que vous dites dans le poste sur moi et sur l'affaire. Vous êtes la seule à ne pas hurler à la mort avec les loups. Merci, je suis touchée.

Cela me fait du bien. Vous souhaitez me parler, m'a dit maître Vidal ? Si je peux vous être utile dans votre travail, j'en serais heureuse !

Simone observe la détenue avec attention. Où est la femme arrogante, froide et insensible qu'on lui a décrite ? Celle qui vient de prendre place devant elle n'a rien à voir avec la description que les journaux se plaisent à faire.

– Voilà, enchaîne la journaliste qui n'oublie pas que les minutes de la visite sont comptées. Je suis allée voir Louise Pinson...

Un rictus de contrariété s'efface en une seconde sur le visage de Marie.

– Je n'ai rien à dire contre cela. Vous faites votre boulot.

– Cette femme m'a raconté une drôle d'histoire à propos de la mort de Lucie, la sœur de Léon...

Et Simone de rapporter dans le moindre détail le témoignage de Louise Pinson. Marie l'écoute, un vague sourire aux lèvres. À certains passages elle secoue la tête, consternée.

Le récit terminé, Simone guette sa réaction. Marie ne pousse pas les hauts cris, elle ne montre aucune agressivité dans sa défense. Elle se contente de murmurer dans son demi-sourire :

– Vous ne l'avez pas crue, tout de même ? Vous voyez, Louise ne sait plus quoi inventer pour se mettre en avant. Et puis nous avons affaire à une malade.

– Elle m'a parlé d'une clinique.

– Oui, elle y a effectué plusieurs séjours pour des troubles... Je ne sais plus le terme exact, mais cela a à voir avec la tête, vous comprenez. Oui c'est ça, par moment elle n'a plus toute sa tête à elle, sans doute. Alors elle déraille, et allez donc savoir si les médicaments qu'elle prend ne lui font pas imaginer des choses qui ne sont pas ? Vous savez, mon petit, j'en ai assez d'entendre raconter toutes ces saloperies sur mon compte. Non mais jusqu'où ira-t-elle, la Pinson, pour m'enfoncer ? Léon aurait tué sa propre sœur, et moi j'aurais contribué à maquiller le crime en suicide ? Et c'est seulement maintenant qu'elle révélerait un tel méfait, cette pauvre Louise ? Quand elle raconte d'abord à ce demi-fou d'Auguste et ensuite au juge ses odieux mensonges de soupe empoisonnée aux Liboureaux, pourquoi se tait-elle sur le prétendu assassinat de Lucie ? Pour protéger Léon, son Léon ? À ce moment-là il n'est plus de ce monde, il dort en paix pour l'éternité. Il ne reste plus que moi. Moi, qu'elle veut abattre par tous les moyens... Alors, mon petit, je vous le demande, pourquoi ne pas m'avoir dénoncée sur-le-champ ? Eh bien je vais vous le dire, moi : tout bonnement parce que cette foutaise n'a germé dans son esprit que ces jours-ci. Le hasard fait que vous passez par là, et hop, elle vous la sert toute chaude. Mais je ne me laisserai pas faire. Oh non ! Et au procès, il faudra bien qu'elle confesse devant tout le monde qu'elle est malade de la tête et qu'elle se bourre de remèdes bizarres !

Marie marque une pause. Son sourire s'est effacé depuis un moment. Une ombre d'inquiétude passe dans son regard.

– Vous allez parler de ces sornettes dans la radio ?

– Non. Je ne le ferai que si le témoin donne un tour officiel à sa version des faits.

– Oui, je comprends.

Marie observe de nouveau un temps. Elle se mordille les lèvres comme si elle hésitait à abattre une nouvelle carte, et soudain, l'œil allumé, elle lance, sur un ton à la fois vengeur et enjoué :

– Mon petit, n'oubliez pas qu'ils prétendent avoir trouvé du poison aussi dans le corps de Lucie. Alors de deux choses l'une : ou on l'empoisonne, cette pauvre fille, ou on l'étrangle ! Il faut savoir !

Une onde glacée parcourt les reins de la journaliste. Devant la subite agressivité de Marie, elle ne peut s'empêcher de ressentir une espèce de malaise.

– J'ai souhaité vous rencontrer pour une autre raison, dévie Simone. En fait, je suis venue vous poser une question.

– Oui ?

– Avez-vous des nouvelles d'Ady ?

La réponse fuse, comme préparée d'avance.

– Aucune.

– Bon. Mais selon vous, est-ce qu'il viendra déposer devant la barre, au procès ?

– Il fera comme il voudra, répond Marie, résignée. Vous savez, il est jeune. Je pense qu'il mène sa vie là-bas, chez lui, dans son pays.

– J'aimerais pouvoir le joindre. Y voyez-vous un inconvénient ?

– Pas le moindre. Ses coordonnées en Allemagne figurent au dossier. Maître Vidal est à même de vous les procurer... Si vous parvenez à entrer contact avec Ady, dites-lui... Dites-lui...

– Oui ?

– Non, rien... C'est idiot.

La matonne, qui n'a cessé d'observer la scène par la vitre grillagée, entre dans la pièce.

– Le temps est écoulé. Allez, en cellule, Besnard.

– Tu reviendras ? soupire la prisonnière, de nouveau attendrissante et passant soudain au tutoiement. Hein, dis-moi que tu reviendras. Je suis si seule, ici...

– Je ferai tout mon possible, Marie. Promis.

Trois mois plus tard, en février 1952, le premier des trois procès de l'affaire Besnard s'ouvre devant la cour d'assises de Poitiers. Le retentissement médiatique est considérable. Tout ce que la presse écrite et radiophonique compte de pointures se mobilise. La vindicte populaire est à son comble.

Enfin, la foule a un autre os à ronger que les hontes de l'Occupation et les règlements de comptes de la Libération qu'on ne cesse de remuer depuis plus de sept ans. Il est temps de tourner la page. Le procès de l'empoisonneuse de Loudun est le nouveau chapitre que l'inconscient collectif attend.

Les cris de haine retentissent cette fois jusqu'aux marches du palais. Marie Besnard est alors la personne la plus détestée de France. Elle le sait. S'en émeut-elle ?

19

LA FOIRE AUX EXPERTS

– Accusée, levez-vous !

Dans la salle bondée chacun retient son souffle. Marie Besnard, vêtue de sombre, pâle mais le regard assuré, obtempère. La mantille noire dont elle est coiffée la fait ressembler à une veuve sicilienne, selon les uns, ou à une sorcière, selon les autres. Dans ses mains jointes, un chapelet et un mouchoir blanc en dentelle.

Le président lit l'acte d'accusation. Interminable litanie des douze meurtres dont l'accusée doit rendre compte. La liste des victimes n'en finit pas : Marie Lecomte, la grand-tante de Léon ; Toussaint Rivet, ami de Léon ; Pierre Davaillaud, le propre père de Marie ; Louise Gouin, l'aïeule tremblante, la grand-mère de Léon ; Marcellin Besnard, père de Léon ; Marie-Louise Gouin-Besnard, mère de Léon ; Lucie Besnard, sœur de Léon ; Blanche Rivet, veuve de Toussaint Rivet, amie du couple ; Pauline Lalleron, cousine de Léon, Virginie Lalleron, sœur de la précédente ; Léon Besnard, second époux de Marie ; Marie-Louise Davaillaud, mère de Marie.

– Accusée, qu'avez-vous à dire, après lecture des charges retenues contre vous ?

– Rien. Je prie pour mes chers défunts dont je viens d'entendre les noms. Eux savent que mon cœur est pur. Je suis innocente ! Innocente de tout ce dont on m'accuse. Je n'ai rien d'autre à dire.

– Vous avez passé des aveux ?

– Je n'ai rien avoué pour la bonne raison que je n'ai rien à avouer. On m'a trompée. On a falsifié ce que j'ai écrit.

La défense intervient.

– Monsieur le président, mesdames et messieurs les jurés, nous démontrerons le moment venu que les moyens utilisés pour obtenir ce que l'accusation a l'audace de qualifier d'aveux relèvent d'une manœuvre indigne de la justice.

Dès cette escarmouche, le procès s'enlise. On épilogue à l'infini sur le *je suis-suis* et, faute d'aboutir à une version crédible, on en vient à ce que l'accusation considère comme la preuve absolue : la démonstration par la science.

Le professeur Peccoux, le savant expert de Marseille, est appelé à la barre. L'homme porte beau. Il toise son monde de toute sa suffisance et s'apprête à vivre le plus grand moment de gloire de sa carrière.

Le président :

– Monsieur le professeur, vous avez décelé des taux anormaux du poison communément appelé arsenic dans tous les échantillons d'origine cadavérique qui ont été soumis à expertise.

– En effet, monsieur le président, entre dix-huit et soixante milligrammes sur la totalité des cadavres.

– De telles quantités peuvent-elles résulter d'une intoxication accidentelle, professeur Peccoux ?

– Impossible ! Il s'agit là d'une intoxication lente suivie d'empoisonnements aigus.

Entendant ces mots, l'assistance s'agite et gronde ; les appareils photo des reporters cliquettent. Peccoux bombe le torse. Le président se tourne alors vers l'accusée.

– Madame Besnard, avez-vous compris ce qu'a dit le professeur ?

– Oui, j'ai tout compris. Je ne suis pas idiote. Et quand bien même il trouverait dix kilos d'arsenic je n'en penserais rien du tout, puisque je suis innocente.

À cet instant maître Gabard, le ténor du barreau, se lève et s'adresse à l'expert.

– Monsieur le professeur, commence-t-il sur le mode respectueux qui convient quand on s'adresse à une sommité, pour analyser les viscères, vous avez bien employé la méthode de Marsh, celle qui laisse dans les éprouvettes un anneau d'arsenic ?

– En effet.

– Et ces anneaux ne peuvent pas être confondus avec d'autres, c'est bien cela ?

– Oui, certainement...

– Ces anneaux d'arsenic, vous les avez identifiés à chaque fois ?

– Bien évidemment !

– Tous, dites-vous ? Et à chaque fois ?

– La première fois du moins. Pour les autres, c'était inutile, bien sûr. Si vous étiez un expert comme moi, vous sauriez qu'un anneau d'arsenic se reconnaît entre mille.

– Entre mille ! reprend l'avocat ravi de l'ouverture qui vient de lui être faite. Nous nous contenterons de six, monsieur le professeur.

Jouant comme il sied de ses amples manches, le défenseur de Marie ouvre sa serviette et en sort six tubes de chimie qu'il fait remettre à l'expert.

– Qu'est-ce que ça signifie ? s'étonne celui-ci.

– Monsieur le professeur, je vous pose cette simple question : parmi ces échantillons, lesquels contiennent de l'arsenic ?

De nouveau la salle s'emplit de murmures et de cliquetis d'appareils photo. Le savant saisit à regret les tubes, les examine, les fait rouler entre ses doigts, les porte à hauteur des yeux. On dirait un amateur de vin testant un cru rare.

L'assistance retient son souffle. Tous les regards convergent sur l'homme de science.

– Ces trois-ci contiennent de l'arsenic, conclut le professeur, sûr de lui.

L'avocat s'approche du témoin, récupère les tubes.

– Que ferions-nous, pauvres ignares que nous sommes, sans la vérité scientifique ? feint-il d'admirer.

Il observe un silence puis, sur un ton de fausse connivence, il confie à l'expert :

– Professeur, je vous dois une confidence...

Et dans la foulée, avec toute la puissance de sa voix, s'adressant aux jurés autant qu'aux journalistes et à la salle :

– Mesdames et messieurs, ainsi qu'en atteste le document du laboratoire qui a livré ces échantillons, aucun – je dis bien aucun – ne contient la moindre particule d'arsenic !

Le public pousse un « oh ! » de stupéfaction que suivent immédiatement des rires et des quolibets. Les journalistes saisissent sur-le-champ l'importance de l'incident d'audience et se ruent hors du prétoire pour câbler ou téléphoner à leurs rédactions.

Le président, ses assesseurs et l'avocat général sont atterrés. Chacun a compris que le coup qui vient d'être porté à l'accusation risque de lui être fatal.

Dès le lendemain, qui se trouve être un mercredi, jour de parution du *Canard enchaîné*, l'hebdomadaire satirique légende une caricature raillant le professeur empêtré dans ses résidus de bocal et ses verres à essai « Pépé le Boko », cela par allusion au film où Jean Gabin triompha avant-guerre, *Pépé le Moko*.

La France entière ricane.

Ce même mercredi, à la reprise d'audience, le président doit excuser le professeur absent. Il est souffrant, paraît-il, et cloué au lit à l'hôtel. Puis la cour prend la seule décision possible devant une telle débâcle : ajourner le procès dans l'attente d'autres expertises.

– Et moi ? s'inquiète Marie Besnard dans le box des accusés.

On l'a presque oubliée.

– Vous, vous restez en prison jusqu'à la manifestation de la vérité, tranche le président, agacé.

Lors du deuxième procès, qui s'ouvre en mars 1954, non pas à Poitiers comme le précédent mais à Bordeaux, l'accusation croit pouvoir se raccrocher aux branches en mettant en avant la personnalité de l'accusée. Une accusée à l'aspect plus avenant et moins austère. Sur le conseil de ses défenseurs, en effet, elle a abandonné sa « mantille de sorcière ».

– On dit de vous que vous êtes menteuse, hypocrite, manipulatrice, lance le président.

– Je ne suis pas louis d'or, répond Marie avec un sens de la repartie qui n'appartient qu'à elle.

– Que voulez-vous dire par là ?

– Je ne suis pas parfaite, sans doute.

Appelé à la barre, l'un des experts psychiatres qui ont eu à l'examiner livre une métaphore fort éclairante du « je ne suis pas louis d'or ». Elle fera florès dans les journaux dès le lendemain, tant elle relève du pathos pseudo-scientifique.

Interrogé par le président sur l'état mental de Marie et sur une éventuelle absence de responsabilité pour les actes dont on l'accuse, l'expert conclut sans rire par ces mots :

– Cette femme est anormalement normale.

L'effet d'audience est magnifique.

« L'anormalement normale » devient en quelques heures l'alpha et l'oméga de toutes les discussions de bistrot, de toutes les conversations de salon. D'autant que, avec un à-propos admirable, Marie parvient très vite à exploiter elle-même cette saillie.

Quand échoit à « Monsieur Auguste », accusateur de la première heure, l'honneur de se présenter à la barre pour confirmer ses accusations, on assiste à un tel numéro de clown que le président, poussé à bout, se résigne à y mettre bonne fin en faisant expédier le bonhomme hors de la salle. Accumulation de propos incohérents, lamentable numéro d'imitations, délire verbeux, envolées lyriques incompréhensibles. Le rescapé des chaleurs coloniales fait un tabac dans un registre où l'accusation, mortifiée, ne l'attend pas : la pantalonnade de prétoire.

Toutefois, tandis qu'on le sort *manu militari*, l'accusée lance d'une voix moqueuse cette réplique digne d'une fin d'acte et qui met d'emblée les rieurs de son côté :

– Et lui, il est anormalement quoi ?

Pour ce deuxième procès, le parquet ayant pris conscience d'avoir ratissé trop large, il n'est plus retenu contre Marie Besnard *que* six meurtres. Réduction qui sème l'amorce du doute dans l'esprit des gens. Si on était si sûr que cela pour douze et qu'on n'est plus certain de rien pour six d'entre eux, pourquoi resterait-on aussi ferme au sujet des six restants ? L'idée fait son chemin...

Puisqu'il faut des expertises complémentaires et des contre-analyses, on exhume de nouveau les morts de la famille et de l'entourage Besnard. Ô stupeur, certains cercueils contiennent deux mâchoires plus un dentier, d'autres trois fémurs, certains cadavres ont été spoliés de parties d'eux-mêmes qui, peut-être, faisaient leur fierté de leur vivant. Force est de constater que lorsqu'on a remis tout cela en terre après la première exhumation, on n'a pas été trop regardant sur la méthode.

De nouveau cela fait rire aux éclats dans les chaumières, et la crédibilité de la démarche scientifique ne s'en trouve guère rehaussée. Les audiences tournent court une fois encore, d'autant que l'ineffable Louise Pinson opère un revirement spectaculaire.

Maître Gabard, il est vrai, ne l'épargne guère. Paraphrasant les conclusions de l'expert psychiatre qui est intervenu à propos de Marie, il lance de sa belle et forte voix :

– Que dire d'une femme, mesdames et messieurs, une femme d'âge mûr qui doit souvent s'absenter pour aller se faire soigner en maison de repos, et qui d'abord affirme une chose pour la nier ensuite avant de revenir à sa première version ? Que dire de cette femme, sinon qu'elle est « anormalement anormale » ?

On s'esclaffe dans la salle. Alors l'avocat sent le moment venu de porter l'assaut final. Louise Pinson fait pâle figure à la barre des témoins.

– Madame Pinson, poursuit Gabard, affable, quand les gendarmes sont venus vous interroger au sujet des révélations que vous aviez faites à M. Auguste, vous avez prétendu n'avoir jamais tenu de tels propos. Est-ce parce que vous aviez un doute ?

– J'ai douté jusqu'aux résultats des expertises. Mais là, bien sûr...

– Et aujourd'hui, l'interrompt le défenseur en changeant de ton, au vu des incertitudes concernant les résultats des diverses expertises, pensez-vous toujours que Marie soit coupable ?

L'accusatrice principale baisse la tête, soupire, hésite.

– Ma foi, je ne sais plus...

– Vous voulez dire que vous doutez à nouveau de la culpabilité de l'accusée ?

Louise, d'une petite voix :

– Oui.

– Je ne vous ai pas entendue, madame Pinson. Veuillez parler plus fort.

– Oui, là !

– Je vous remercie, triomphe l'avocat en se rasseyant. Je n'ai plus de questions, monsieur le président.

Ce dernier accuse le coup.

– Heu, fait-il sans grande conviction, l'accusation ne repose pas que sur le témoignage de Mme Pinson...

– C'est vrai, ironise Gabard, nous avons aussi les excellents travaux du professeur Peccoux.

Un tonnerre de rires roule dans le prétoire.

Et une fois encore, le procès tourne court. Une nouvelle décision d'ajournement est prise. Des examens complémentaires sont demandés. Y croit-on encore vraiment dans le camp de l'accusation ? Dehors, la presse et l'opinion publique s'en donnent à cœur joie et, à l'instar de la femme Pinson, opèrent un de ces revirements à cent quatre-vingts degrés dont elles ne sont pas avares. Résultat : bientôt la cote de Marie n'est pas loin de rivaliser avec celle du louis d'or.

D'ailleurs, elle est libre, Marie ! Enfin !

– Votre maintien en prison n'est pas indispensable à la manifestation de la vérité, déclare le président.

Ivre de joie, Marie fond en larmes. Euphorie de courte durée, car lorsque le magistrat annonce le montant de la caution exigée, un million deux cent mille francs, le monde s'écroule autour d'elle. Où trouverait-elle une telle fortune ? Le « Fou chantant », Charles Trenet en personne, se propose de payer, tant le sort de cette femme l'émeut.

Mais l'institution judiciaire n'allant dans cette affaire que de cafouillages en approximations, la somme est bientôt corrigée à la baisse et l'on n'exige plus que deux cent mille francs. Des cousins tourangeaux de Marie avancent l'argent.

Le retour à la vie libre, après quelque cinq années derrière les hauts murs, représente un changement considérable. À sa levée d'écrous, Marie fait un bref passage dans un couvent où elle renoue avec le monde normal et des sentiments d'humanité. Beaucoup pensent qu'elle n'osera pas remettre les pieds à Loudun où tant de fantômes, tant de mauvais souvenirs et tant de haine mal étouffés l'attendent encore.

Pourtant c'est là et nulle part ailleurs qu'elle veut vivre. Dans sa maison. Une maison qu'elle retrouve saccagée, souillée, car tandis qu'elle était incarcérée des gens des alentours, convaincus qu'elle ne reviendrait jamais, ont « visité » les lieux, brisé la vaisselle et emporté quelques « souvenirs ».

Les premiers jours, en ville, on la regarde en coin et les manifestations d'hostilité n'ont pas totalement disparu.

Lorsqu'elle fait crânement son marché, Marie les défie. Peu à peu, l'attitude des commerçants et des chalands change. On lui parle de nouveau avec déférence et gentillesse. On lui fait des petits cadeaux, quelques tranches de saucisson ici, un verre de vin frais là.

Toutefois, Marie ne parvient pas à pardonner. Un matin de foire, en ville elle croise un jeune homme en qui elle reconnaît le petit-fils d'un des habitants du faubourg de Mirebeau les plus acharnés contre elle. Le garçon porte à sa manche gauche le brassard noir du deuil.

– Tu as perdu quelqu'un, petit ? questionne celle qui est en passe de redevenir « la Bonne Dame de Loudun ». Ce n'est pas ta grand-mère, j'espère. Je l'aurais su. Ah çà, une brave femme, ta grand-mère...

– Non, c'est mon grand-père qui est mort.

Alors Marie se raidit et crache ces mots terribles :

– Non, ton grand-père n'a pas pu mourir ! Ta grand-mère mourra, et moi je mourrai. Mais ton grand-père, non... il est crevé !

Comme elle est fort célèbre, un éditeur lui commande ses mémoires et elle prend un plaisir manifeste à narrer son aventure, à « se » raconter, s'autorisant d'ailleurs au passage des libertés avec la vérité et des embellissements de la réalité. Elle gagne ainsi quelque argent dont elle consacre une partie à l'achat d'un poste de télévision, l'un des tout premiers dans le quartier, et elle ne se fait pas prier pour accueillir quelques voisines et voisins chez elle pour de grandes retransmissions d'événements divers et pour les premières prestations télévisées de sa grande idole, Charles Trenet.

Parmi ses hôtes apparaît un jour un certain M. Bonhour, un veuf d'une cinquantaine d'années, ancien militaire. Une amie l'a amené et présenté à Marie. L'homme se trouve être à la recherche d'un logement : il devient très vite le locataire – ou plus exactement le pensionnaire – de la veuve Besnard.

Dès lors, les rumeurs repartent. On les dit amants. Bientôt une lettre anonyme, une de plus ! parvient à un journaliste annonçant leur mariage. Cela n'inspire à Marie qu'un haussement d'épaules.

D'ailleurs, pas plus que lorsque Ady faisait partie de son paysage, elle ne s'interdit de se montrer publiquement au côté de ce M. Bonhour. À une lettre près ce pourrait être « bonheur », alors elle se dit qu'après cinq ans de détention et d'épreuves elle y a droit.

Mais Marie ne fait pas que regarder la télévision. On l'y voit. Elle donne une interview à un journaliste vedette. Le canular ridicule du projet de mariage a régénéré l'intérêt pour l'affaire Besnard qu'on pourrait croire enterrée à jamais. La justice, qui regarde sans doute aussi la télévision, s'avise enfin de porter à son terme la tâche judiciaire si mal engagée.

Pour le troisième procès qui s'ouvre sept ans plus tard – en décembre 1961 – également à Bordeaux, on exhume d'autres cadavres témoins à Loudun afin de fournir aux experts des échantillons, des restes d'humains n'ayant pas eu à fréquenter de près la veuve Besnard au cours de leur existence. On a même poussé le souci de vérité « scientifique » jusqu'à enterrer dans les jardins de l'institut de Vincennes des dépouilles de chiens dont certains avaient absorbé de l'arsenic afin d'étudier une éventuelle migration du poison post mortem. En vain.

Sur les dépouilles témoins, des traces de poison sont identifiées dans des proportions dont on discute à perte de vue et, sombrant de nouveau dans le grotesque, on remue une fois encore les désopilantes péripéties des audiences antérieures et les constats calamiteux de douze ans sept mois et sept jours d'une instruction rien moins qu'éclairante.

On redécouvre ainsi ce qu'on sait depuis le début ou presque, à savoir que Gaston, le brave gardien du cimetière, meuble ses loisirs et améliore son ordinaire en cultivant des pommes de terre et quelques autres légumes dans l'enceinte même du cimetière. Et qu'utilise-t-il pour protéger ses macabres cultures des doryphores et autres saletés ? Des produits à base d'arsenic ! On daigne se souvenir aussi que les métaux des ornements funéraires, les crucifix, les lettres des couronnes, les couvertures en zinc des mausolées contiennent également ce type de substance.

Comme précédemment, on débat jusqu'à épuisement sur la question de savoir si l'arsenic est soluble ou non dans l'eau. Il l'est, affirment certains savants, donc on ne doit pas s'étonner de ce que, par capillarité, il se soit insinué dans les dépouilles humaines. Que nenni, se dressent d'autres fins connaisseurs. L'arsenic n'est point soluble, donc s'il y a du poison dans les viscères et les cheveux de la parentèle Besnard, c'est qu'il a été absorbé du vivant de ces pauvres gens... Toutefois on ne peut être certain de rien, puisqu'il y en a aussi ailleurs. Pas dans les mêmes proportions, s'élèvent d'autres analystes. Il y en a bien plus ici que là... À moins que ce ne soit le contraire, bien sûr !

Bref, plus personne n'y comprend rien.

Ainsi, dès le premier procès, la péripétie Peccoux, venant avant tant d'autres, a ruiné à jamais la crédibilité de l'accusation. En matière judiciaire plus qu'en toute autre, le ridicule tue. En l'occurrence, c'est l'ensemble de l'édifice à charge qui sombre. Les gesticulations procédurales ultérieures n'y changent rien.

La presse, l'opinion publique et par voie de conséquence les jurés restent désormais sourds à tous les discours. En premier lieu à ceux de la science, même quand, venant notamment du professeur Joliot-Curie, ils seront incontestables sur le plan de la rigueur expérimentale et de la vérité analytique. Mais ils arrivent trop tard, et le savant n'est plus de ce monde quand s'ouvre le troisième procès. On n'accorde à ses conclusions qu'une attention polie, car l'urgence est d'en finir.

Le soir du 12 décembre 1961, la cour d'assises de Bordeaux livre son verdict : acquittement. Marie Besnard est lavée de tous les crimes dont elle était accusée depuis treize longues années.

– On ne pouvait rien me faire puisque je n'ai rien fait, déclare la Bonne Dame de Loudun, laconique et sûre d'elle.

La foule exulte. L'institution judiciaire respire. La presse entonne les trompettes de l'autosatisfaction. Seule sur son banc de presse, Simone Rabier s'abstient de crier au triomphe de la vérité. Une fois encore, Marie en larmes – mais ce sont des larmes de joie cette fois – croise son regard. Affrontement bref, car l'acquittée s'empresse de le fuir.

Elle n'a pas oublié l'entrevue qu'elle a eue avec la journaliste dans sa maison de Loudun, après sa libération conditionnelle et quelque temps avant l'ultime procès.

En recevant Simone, Marie s'attendait sans doute à une rencontre agréable, flatteuse pour elle. Mais, très vite, la jeune femme avait tempéré son enthousiasme et le ton était devenu aigre.

– J'ai énormément travaillé sur votre affaire, beaucoup réfléchi, Marie. Vous avez trompé beaucoup de monde, mais pas moi. Vous m'avez manipulée avec habileté, pourtant j'ai fini par voir clair. Et je suis venue vous le dire en face.

– Ma pauvre petite, avait ricané Marie, voilà que tu te sens une vocation de sainte ! Ton succès à la radio et maintenant à la télévision te monte à la tête. Il faut à tout prix que tu te singularises. Quand tout le monde me crachait dessus, tu me défendais et maintenant que les gens me soutiennent tu me dénigres. Je devrais te flanquer à la porte de chez moi !

– Je vais partir, ne vous tourmentez pas, mais pas avant de vous avoir dit ce que j'ai sur le cœur. Lorsque je vous ai rendu visite à la prison, je vous ai dit que je souhaitais parler à Ady. Eh bien j'ai réussi à le joindre. Ce qu'il m'a répondu tient en quelques mots que je trouve accablants pour vous : « Plus jamais, plus jamais de ma vie, je ne veux entendre parler de cette histoire ! »

Marie avait émis un rire mauvais.

– Je ne vois pas ce qu'il y a d'accablant là-dedans !

Simone passa outre.

– À la suite de ce bref entretien, j'ai rencontré l'inspecteur Lavalette. Je lui ai demandé de me parler des interrogatoires d'Ady. Il m'a avoué que ses collègues et lui avaient tout tenté pour le faire avouer qu'il était votre amant. Malgré des moments très rudes qui ne font pas honneur à la police, dit-on, mais qui ont cours, il a tenu bon et aujourd'hui Lavalette est convaincu qu'il disait la vérité. Ady et vous n'étiez pas amants. Et j'en suis persuadée moi aussi...

– Ah, vous voyez !

– Vous ne devriez pas vous réjouir de ce que je viens de vous confier, Marie. S'il n'était pas votre amant, Ady n'avait aucune raison de se dérober lors des procès. Il ne risquait absolument rien. Sauf si...

– Sauf si quoi ? Tu me fatigues, à la fin, avec tes sornettes !

– Sauf si ce qu'il redoutait de devoir avouer à la barre n'était pas une liaison entre vous et lui mais une autre chose, tellement plus grave... l'assassinat de Léon ! Léon, qui n'a pas été liquidé en une seule prise de poison au déjeuner des Liboureaux, mais après quarante jours d'une intoxication méticuleuse, comme le révèlent les travaux récents du professeur Joliot-Curie. Travaux hélas qui ne semblent pas intéresser grand monde à part moi !

Le visage de Marie se décomposa soudain.

– Je crois que tu es folle, ma fille. Tu devrais aller te faire soigner avec la Pinson dans sa clinique...

– Ady avait deviné le sort que vous réserviez à Léon. Ou alors vous l'aviez mis dans la confidence, puisque vous envisagiez de l'adopter afin qu'il hérite de tout.

– Balivernes. Fiche le camp d'ici.

– J'ai aussi regardé de très près les documents notariés. Dix héritages en quelques années, voilà le résultat comptable, pour parler comme Fifils, votre serviable notaire ! J'ai cherché dans les rubriques nécrologiques de la presse locale et régionale : malgré la guerre, malgré le froid, les épidémies de grippe et tout ce que vous voudrez, je n'ai trouvé aucune autre famille qui ait enregistré autant de décès parmi ses membres et ses proches. Aucune ! Et dans les écritures notariées je n'ai pas trouvé non plus qu'une telle avalanche d'héritages ait eu un précédent, aussi loin qu'on puisse remonter. Si vous ajoutez à cela l'expertise de Joliot-Curie, hélas passée plus ou moins sous silence, et qui établit que les doses de poison présentes dans les corps, notamment les cheveux ou le cuir chevelu de vos chers disparus, ne peuvent s'expliquer que par un empoisonnement lent et méthodique du vivant des personnes concernées, vous saurez ce que je pense de vous.

– Rien, ma petite ! Rien de ce que vous dites n'a de sens pour moi ! Vous me harcelez sans raison. Mes morts connaissent la vérité, eux. Je suis innocente. Mon...

– *Mon cœur est pur et j'ai ma conscience pour moi !* Merci, on connaît la chanson.

– Ah, je vois. Ce qui vous ferait plaisir à vous, la petite journaliste, c'est de me couler une fois pour toutes au troisième procès pour vous faire mousser encore et toujours davantage !

– Vous pensez ce que vous voulez, Marie. Pour moi le troisième procès est joué d'avance. Une parodie de justice. L'accusation gesticulera et la défense lui mettra le nez dans ses insuffisances et ses contradictions autant qu'elle le voudra. La presse et l'opinion publique, qui ne jurent plus que par vous, feront le reste. Soyez rassurée, Marie Besnard, vous mourrez dans votre lit.

Marie décocha à Simone un regard d'une telle dureté que la journaliste ne put le soutenir.

– Oui, dans mon lit ! Je mourrai dans mon lit et en paix avec moi-même parce que je suis innocente ! Innocente, vous m'entendez ! Maintenant, hors d'ici !

Simone se leva.

– Innocente ? reprit-elle. Eh bien, si vous êtes « innocente », prenez une feuille de papier et priez Ady de se présenter à la barre. Puisqu'il n'a pas été votre amant et que vous prétendez qu'il ne peut rien avoir à révéler de compromettant sur la mort de Léon – puisque vous êtes « innocente » –, que risque-t-il et que risquez-vous ? Rien. Au contraire, s'il se présente, cela vous apporte une assurance supplémentaire pour l'acquittement et après, qui sait, une canonisation. Grenouille de bénitier comme vous prétendez l'être, cela devrait vous intéresser, non ?

Marie, une lueur d'ironie dans le regard, s'abstint de répondre.

Au moment où elle en termine avec les effusions de joie dans les bras de ses défenseurs, Marie Besnard ne peut pas avoir oublié cette confrontation. Elle porte de nouveau le regard sur la place qu'occupait Simone, pour la défier une dernière fois ou lui demander pardon. Sans doute ne le sait-elle pas elle-même.

Mais Simone n'est plus là. Elle a regagné son hôtel bordelais où elle loge seule et où, jusque tard dans la nuit, elle écrit le début d'un livre. Sa décision est prise : elle abandonne le journalisme – ses conformismes et ses compromissions, comme elle se plaît à le dire – et s'adonne désormais à l'écriture.

Dans le hall de l'hôtel, elle a croisé Vidal. Ils ont échangé quelques mots sans importance. L'avocat est toujours aussi amoureux... de sa carrière. Quant à Simone, elle ne voit plus en lui qu'un agréable souvenir. Lui aurait bien aimé prolonger l'aventure. Un jour, au moment de la rupture, il a confié :

– Marie Besnard est coupable... Oui, coupable de nous avoir séparés. Nous avons pourtant beaucoup de choses en commun, toi et moi.

– Oui, beaucoup, a admis Simone. Mais peut-être pas l'essentiel, certaines valeurs qui sont pour moi primordiales et qui ne seront jamais pour toi que des arguments de plaidoirie qui font joli dans le tableau.

Le lendemain, prenant son train pour Paris, elle jette un coup d'œil sur le kiosque à journaux de la gare Saint-Jean. Un réflexe professionnel l'incite à acheter la presse du jour. Elle se reprend et passe son chemin. Que pourrait-elle apprendre de neuf, de vrai ? Rien.

Marie Besnard est venue vivre « le reste de son âge », comme écrit Du Bellay – poète de ces contrées angevines et ligériennes –, dans sa maison du faubourg de Mirebeau, à Loudun, parmi ses souvenirs et ses fantômes.

On la voit au marché, chez les commerçants, à l'église. Quelle vérité cache son énigmatique sourire ? Beaucoup à Loudun et partout en France donneraient cher pour en percer le mystère.

Simone a définitivement tourné le dos au journalisme. Elle écrit des livres et s'est fait un nom.

Et puis les années ont passé. Jusqu'à ce jour de 1980 où elle reçoit un message de Loudun, envoyé par une voisine de Marie, la veuve du cafetier. Cette personne lui fait savoir que la Bonne Dame vit ses derniers moments et qu'elle a exprimé le désir de la voir « avant de partir ».

Simone se met aussitôt en route.

Lorsqu'elle arrive à Loudun, faubourg de Mirebeau, la porte de la maison est ouverte. Des gens entrent et sortent, alors elle comprend qu'elle arrive trop tard. Marie Besnard a expiré quelques heures plus tôt. Elle gît apaisée, sur son lit, un chapelet autour des poignets.

Simone se recueille quelques instants et se pose une fois encore la question qui hante tous les esprits : coupable, ou innocente ?

– A-t-elle parlé à quelqu'un avant de mourir ? demande Simone.

– Non, à personne, répond la voisine du café.

Mais hier soir, elle m'a remis une enveloppe pour vous. Elle savait que c'était fini... Elle savait aussi que vous viendriez.

Simone prend l'enveloppe, la glisse dans sa poche, au grand dam de la voisine qui aurait bien aimé être mise dans la confidence des révélations posthumes de la femme Besnard.

Quelques tours de roues après la sortie de Loudun, Simone arrête sa voiture sur le bas-côté pour découvrir l'ultime message de la disparue. Elle décachette l'enveloppe.

À l'intérieur : rien.

L'enveloppe est vide.

Marie Besnard s'est offert une dernière pirouette.

Simone ne peut que sourire.

Elle redémarre, laissant derrière elle le gros bourg, son clocher, ses habitants, ses rumeurs et ses secrets.

Marie fit don de son corps à la science. Pied de nez aux experts, ou refus d'être enterrée dans le caveau de famille auprès de son « cher Léon » ? Ce sont des interrogations qui, parmi tant d'autres, ne recevront jamais de réponses.

La Bonne Dame de Loudun est morte avec ses mystères. Son acquittement interdit de la compter parmi les plus grandes empoisonneuses de l'histoire criminelle.

Et pourtant...

Que ce livre puisse être l'expression de notre gratitude et un hommage affectueux à Daniel Riche, co-auteur du scénario original, disparu en septembre 2005.

Avec nos remerciements à Anne Giafferi pour sa participation à ce scénario.

MARIE BESNARD

Téléfilm en deux parties
sur
TF1

Automne 2006

Scénario de Daniel Riche et Olga Vincent
Réalisation Christian Faure
Avec Muriel Robin dans le rôle de Marie Besnard
RAMONA PRODUCTIONS

TABLE DES MATIÈRES

Direction littéraire
Huguette Maure
et
Fabien Perucca

Composition PCA
44400 – Rezé

Impression réalisée sur CAMERON par

BRODARD & TAUPIN
GROUPE CPI

La Flèche

pour le compte des Éditions Michel Lafon
en août 2006

Imprimé en France
Dépôt légal : août 2006
N° d'impression : 36967
ISBN : 2-7499-0519-2
LAF : 823